CONSULTAS TERAPÊUTICAS

Uma prática clínica de D. W. Winnicott

Coleção Clínica Psicanalítica
Títulos publicados

1. **Perversão**
   Flávio Carvalho Ferraz
2. **Psicossomática**
   Rubens Marcelo Volich
3. **Emergências Psiquiátricas**
   Alexandra Sterian
4. **Borderline**
   Mauro Hegenberg
5. **Depressão**
   Daniel Delouya
6. **Paranoia**
   Renata Udler Cromberg
7. **Psicopatia**
   Sidney Kiyoshi Shine
8. **Problemáticas da Identidade Sexual**
   José Carlos Garcia
9. **Anomia**
   Marilucia Melo Meireles
10. **Distúrbios do Sono**
    Nayra Cesaro Penha Ganhito
11. **Neurose Traumática**
    Myriam Uchitel
12. **Autismo**
    Ana Elizabeth Cavalcanti
    Paulina Schmidtbauer Rocha
13. **Esquizofrenia**
    Alexandra Sterian
14. **Morte**
    Maria Elisa Pessoa Labaki
15. **Cena Incestuosa**
    Renata Udler Cromberg
16. **Fobia**
    Aline Camargo Gurfinkel
17. **Estresse**
    Maria Auxiliadora de A. C. Arantes
    Maria José Femenias Vieira
18. **Normopatia**
    Flávio Carvalho Ferraz
19. **Hipocondria**
    Rubens Marcelo Volich
20. **Epistemopatia**
    Daniel Delouya
21. **Tatuagem e Marcas Corporais**
    Ana Costa
22. **Corpo**
    Maria Helena Fernandes
23. **Adoção**
    Gina Khafif Levinzon
24. **Transtornos da Excreção**
    Marcia Porto Ferreira
25. **Psicoterapia Breve**
    Mauro Hegenberg
26. **Infertilidade e Reprodução Assistida**
    Marina Ribeiro
27. **Histeria**
    Silvia Leonor Alonso
    Mario Pablo Fuks
28. **Ressentimento**
    Maria Rita Kehl
29. **Demências**
    Delia Catullo Goldfarb
30. **Violência**
    Maria Laurinda Ribeiro de Souza
31. **Clínica da Exclusão**
    Maria Cristina Poli
32. **Disfunções Sexuais**
    Cassandra Pereira França
33. **Tempo e Ato na Perversão**
    Flávio Carvalho Ferraz
34. **Transtornos Alimentares**
    Maria Helena Fernandes

35. Psicoterapia de Casal
Purificacion Barcia Gomes
Ieda Porchat

36. Consultas Terapêuticas
Maria Ivone Accioly Lins

37. Neurose Obsessiva
Rubia Delorenzo

38. Adolescência
Tiago Corbisier Matheus

39. Complexo de Édipo
Nora B. Susmanscky de Miguelez

40. Trama do Olhar
Edilene Freire de Queiroz

41. Desafios para a Técnica Psicanalítica
José Carlos Garcia

42. Linguagens e Pensamento
Nelson da Silva Junior

43. Término de Análise
Yeda Alcide Saigh

44. Problemas de Linguagem
Maria Laura Wey Märtz

45. Desamparo
Lucianne Sant'Anna de Menezes

46. Transexualidades
Paulo Roberto Ceccarelli

47. Narcisismo e Vínculos
Lucía Barbero Fuks

48. Psicanálise da Família
Belinda Mandelbaum

49. Clínica do Trabalho
Soraya Rodrigues Martins

50. Transtornos de Pânico
Luciana Oliveira dos Santos

51. Escritos Metapsicológicos e Clínicos
Ana Maria Sigal

52. Famílias Monoparentais
Lisette Weissmann

53. Neurose e Não Neurose
Marion Minerbo

54. Amor e Fidelidade
Gisela Haddad

55. Acontecimento e Linguagem
Alcimar Alves de Souza Lima

56. Imitação
Paulo de Carvalho Ribeiro e colaboradores

57. O tempo, a escuta, o feminino
Silvia Leonor Alonso

58. Crise Pseudoepiléptica
Berta Hoffmann Azevedo

59. Violência e Masculinidade
Susana Muszkat

60. Entrevistas Preliminares em Psicanálise
Fernando Rocha

61. Ensaios Psicanalíticos
Flávio Carvalho Ferraz

62. Adicções
Decio Gurfinkel

63. Incestualidade
Sonia Thorstensen

64. Saúde do Trabalhador
Carla Júlia Segre Faiman

65. Transferência e Contratransferência
Marion Minerbo

66. Idealcoolismo
Antonio Alves Xavier
Emir Tomazelli

67. Tortura
Maria Auxiliadora de Almeida Cunha Arantes

68. Ecos da Clínica
Isabel Mainetti de Vilutis

69. Pós-Análise
Yeda Alcide Saigh

70. Clínica do Continente
Beatriz Chacur Mano

71. Inconsciente Social
Carla Penna

72. Psicanálise e Música
Maria de Fátima Vicente

73. Autorização e Angústia de Influência em Winnicott
Wilson Franco

74. Trabalho do Negativo
Vera Lamanno-Adamo

75. Crítica à Normalização da Psicanálise
Mara Caffé

76. Sintoma
Maria Cristina Ocariz

77. Cidade e Subjetividade
Flávio Carvalho Ferraz

78. Psicologia Hospitalar e Psicanálise
Alfredo Simonetti

79. Fairbairn
Teo Weingrill Araujo

80. Orientação Profissional
Maria Stella Sampaio Leite

COLEÇÃO CLÍNICA PSICANALÍTICA
Dirigida por Flávio Carvalho Ferraz

CONSULTAS TERAPÊUTICAS

UMA PRÁTICA CLÍNICA DE D. W. WINNICOTT

Maria Ivone Accioly Lins

1ª Edição *2006*

2ª Reimpressão *2015*

Editor *Ingo Bernd Güntert*

Gerente Editorial *Fabio Alves Melo*

Coordenadora Editorial *Marcela Roncalli*

Assistente Editorial *Cíntia de Paula*

Adaptação Ortográfica *Rhamyra Toledo*

Diagramação *Najara Lopes*

Capa *Yvoty Macambira*

Dados Internacionais de Catalogação na Publicação (CIP)
Angélica Ilacqua CRB-8/7057

Lins, Maria Ivone Accioly
Consultas terapêuticas : uma prática clínica de D. W. Winnicott / Maria Ivone Accioly Lins. - São Paulo : Casa do Psicólogo, 2015. - (Coleção clínica psicanalítica / dirigida por Flávio Carvalho Ferraz).

2ª reimpr. da 1ª ed. de 2006.
ISBN 978-85-7396-514-8

1. Consulta psicológica 2. Psicanálise infantil 3. Psicoterapia infantil 4. Winnicot, Donald W., 1896-1971 5. Psicoterapia de casal I. Título II. Ferraz, Flávio Carvalho III. Série

12-0090 CDD 150.198

Índices para catálogo sistemático:
1. Psicanálise infantil
2. Psicologia – consultas psicológicas

Impresso no Brasil
Printed in Brazil

Casapsi Livraria e Editora Ltda.
Avenida Francisco Matarazzo, 1500 - Conjunto 51
Edifício New York - Centro Empresarial Água Branca
Barra Funda - São Paulo/SP - CEP 05001-100
Tel. Fax: (11) 3672-1240
www.casadopsicologo.com.br

Sumário

Introdução

Os psicanalistas vêm-se deparando há algumas décadas com a diversidade crescente dos pedidos de ajuda psicológica. Essa diversidade se apresenta tanto no que diz respeito às configurações psicopatológicas dos pacientes quanto aos aspectos socioeconômicos da população que procura os serviços de atendimento psicológico. Como responder às demandas atuais?

Clare Winnicott, ao prefaciar o livro de D. W. Winnicott, *The Piggle: relato do tratamento psicanalítico de uma menina*, afirma:

> O doutor Winnicott adaptava sua técnica às necessidades de cada caso. Se uma psicanálise completa era necessária e possível, ele fazia a análise. Caso contrário, sua técnica variava desde sessões regulares até sessões a pedido ou consultas terapêuticas únicas ou repetidas. (Winnicott, 1977, p. 9-10)

Três modalidades de variações da técnica foram praticadas por Winnicott.

Na *psicoterapia a pedido*, a capacidade do analista de responder à demanda do paciente se expressa na frequência das sessões. As entrevistas não são marcadas pelo analista, podendo o paciente ir e voltar de acordo com suas necessidades.

Na *psicanálise compartilhada*, são os pais que, com a ajuda do analista, conduzem o tratamento da criança. Essa ajuda pode ser dada também ao meio social mais abrangente, particularmente à escola.

Nas *consultas terapêuticas*, o fator mais importante é um *setting* especial, caracterizado por um clima profissional em que afetividade e confiança desempenham o papel essencial.

Segundo Winnicott, *a psicoterapia sob demanda* e a *análise compartilhada* podem ser consideradas "verdadeiras" psicanálises se tratam de um elemento inconsciente que, por meio da transferência, se torna consciente.

Em "Os objetivos do tratamento psicanalítico" (1962), ele afirma:

> Em minha opinião, os objetivos da técnica clássica não se alteram, mesmo quando o analista interpreta mecanismos mentais que fazem parte dos distúrbios psicóticos, mecanismos próprios dos estágios mais primitivos do desenvolvimento emocional do indivíduo. Se nosso objetivo continua sendo a verbalização da consciência nascente em termos de transferência, estamos praticando a psicanálise; se não, somos analistas praticando alguma coisa que julgamos apropriada à situação. E por que não seria assim? (p. 155)

Para o autor, o importante na diferenciação das práticas clínicas é saber se o terapeuta tem ou não uma formação psicanalítica, incluída aí sua análise pessoal, exigência prioritária.

Em relação às *consultas terapêuticas*, ele diz claramente que não se trata de psicanálise estrito senso, dado que as consultas ocorrem num espaço de tempo insuficiente para o estabelecimento de uma relação transferencial. O número de sessões, entre uma e três, está no centro da diferenciação.

A prática das *consultas* ressalta o valor inestimável de uma modalidade de atendimento breve, particularmente útil nos casos em que o terapeuta não pode ignorar as condições socioeconômicas de seus clientes. Winnicott mostrou-se sensível ao valor social desta prática e assinalou, em particular, a importância da consideração das condições socioeconômicas como elemento de distinção entre as consultas terapêuticas e as práticas psicanalíticas.

A utilização dessa modalidade de tratamento teve, para ele, um motivo pragmático: a desproporção entre o número de crianças que procuravam atendimento psiquiátrico em serviços especializados e a quantidade de profissionais disponíveis para atendê-las. Em seu livro sobre essa variação da técnica psicanalítica, ele alerta para a inutilidade de uma prescrição muito ampla do tratamento psicanalítico ortodoxo para cada criança e diz que, no caso de suas propostas sobre tratamentos breves serem comprovadas, *as consultas terapêuticas* adquirem uma importância incomparável, em relação à técnica psicanalítica clássica, no sentido social de resposta às necessidades que caracterizam o trabalho realizado tanto em clínicas como em consultórios.

Contra qualquer tipo de ortodoxia psicanalítica, Winnicott diz:

> A análise só pela análise para mim não tem sentido. Faço análise porque é do que o paciente precisa. Se ele não tem necessidade de análise, faço outra coisa. Em análise se pergunta: *quanto* se deve fazer? Em contrapartida, na minha clínica o lema é: quão pouco é necessário ser feito? (*Ibidem*, p. 152)

No centro das propostas de Winnicott sobre variações da técnica clássica, encontra-se a noção de diagnóstico. As *consultas terapêuticas* não são apenas um procedimento terapêutico eficaz e econômico; elas também servem, tanto como instrumento de pesquisa dos mecanismos primários do desenvolvimento, quanto como elemento de diagnóstico.

Em "Análise da criança no período de latência" (1958), o autor afirma:

> Psicanálise, como tratamento, não pode ser descrita sem referência a diagnóstico. A situação psicanalítica está relacionada com o diagnóstico de neurose e pode ser conveniente se falar tão-somente de neurose [...] Deve-se ressaltar que é na técnica da psicanálise que estão as grandes diferenças dependendo de ser a criança neurótica, psicótica ou anti-social. (p. 108)

Em "Contratransferência" (1960), diz Winnicott:

> Parece-me que dois tipos de caso alteram completamente a atitude profissional do terapeuta. Um é o paciente que tem uma *tendência anti*-social, o outro é o paciente que *necessita de uma regressão.* (1960c, p. 149)

No artigo de 1962, já citado, ao retomar o tema da necessidade de novas técnicas, então chamadas de *análises modificadas*, *ele* insiste, mais uma vez, na importância do diagnóstico ao afirmar:

> O fato essencial é que baseio meu trabalho no diagnóstico. Continuo a elaborar um diagnóstico com o continuar do tratamento, um diagnóstico individual e outro social e trabalho de acordo com o diagnóstico. (p. 154)

Nessa citação, Winnicott se refere a um diagnóstico relativo ao meio ambiente, uma vez que, para ele, situações familiares e situações sociais mais amplas, assim como fatores econômicos tomados no sentido estrito do termo, devem ser levados em conta, sobretudo, no tratamento das crianças.

A prática das *consultas terapêuticas* é, sem dúvida, o melhor passaporte quando se busca ultrapassar a fronteira entre o conhecimento das propostas teóricas de Winnicott e sua prática clínica. É também um exercício de criatividade que protege o terapeuta contra o risco de instalar-se no território de práticas dogmáticas, empobrecidas por uma lealdade equivocada à ortodoxia, que se manifesta através da repetição de preceitos e da imitação de modelos.

Para Winnicott, uma teoria precisa ser flexível de tal forma que qualquer fato clínico possa, se necessário, modificar suas proposições. A prática das *consultas terapêuticas* não foi apenas um dos terrenos em que Winnicott aplicou suas teorias; foi, igualmente, um fato clínico fundamental na construção de suas teorias do desenvolvimento emocional primário, do brincar e da criatividade.

Uma leitura atenta das *consultas terapêuticas* relatadas por Winnicott torna evidente que se trata da aplicação de um novo referencial psicanalítico. Novas propostas teóricas o levaram a novos procedimentos.

Mesmo considerando que as consultas terapêuticas não são psicanálise no sentido estrito da prática analítica corrente, Winnicott defende com insistência que a preparação para a realização desse trabalho requer do terapeuta uma formação analítica, que inclui não só a análise pessoal, mas, igualmente, a experiência de conduzir tratamentos psicanalíticos prolongados.

Ele conta que, na origem de sua prática com as *consultas terapêuticas*, encontra-se uma observação que fazia nos meados da década de 1920, época em que trabalhava no hospital-escola: ficava surpreso com a frequência com que as crianças sonhavam com ele na noite anterior à entrevista marcada, e se divertia ao perceber a maneira como ele próprio se ajustava a uma ideia por elas preconcebida. Esse fato é por ele aproximado da relação do terapeuta com a criança durante as *consultas terapêuticas* e das primeiras relações da mãe com seu bebê, em que existe uma expectativa por parte do primeiro e uma resposta consonante por parte da segunda.

Distanciando-se de Melanie Klein, Winnicott acredita que não basta considerar a relação mãe-bebê em termos de relações objetais que levam em conta satisfações e tensões instintuais sem a devida consideração da importância do comportamento adaptativo da mãe às necessidades do bebê.

As *consultas terapêuticas* tornam clara a diferença entre um trabalho clínico centrado na neurose de transferência e na interpretação, pontos centrais das práticas ortodoxas, e a clínica de Winnicott, onde o essencial é a adaptação do *setting* às necessidades do paciente.

A capacidade de adaptação materna às necessidades do bebê serve de paradigma importante para o terapeuta que ousa se lançar na prática das *consultas terapêuticas*. Nelas, o idioma transferencial dá lugar a experiências primitivas que lembram a situação do bebê sob os cuidados maternos.

O terapeuta deve levar em conta que a necessidade de o recém-nascido ser fisicamente segurado e cuidado de maneira adequada adquire complexidade. Essa experiência, reatualizada no *setting* das *consultas terapêuticas*, leva a criança, gradualmente, a surpreender o terapeuta pela produção de ideias e sentimentos que não estiveram anteriormente integrados na sua personalidade total.

A palavra-chave que define as *consultas terapêuticas* é *flexibilidade*, uma marca que deriva das variáveis ligadas à personalidade de cada parceiro. Alerta Winnicott que, dada a singularidade das estruturas psíquicas em jogo – a do terapeuta e a do paciente –, toda tentativa de imitação de um modelo destina-se ao fracasso.

Nas *consultas terapêuticas* prevalece a arte de não interpretar, o que faz parte do uso da interpretação em qualquer forma de tratamento de inspiração psicanalítica. Nelas, os comentários interpretativos, feitos na maioria das vezes em forma de construção, são reservados para momentos especiais, quando o analista sente que deve fornecer a seu paciente tanta compreensão quanto puder. O terapeuta se acha autorizado a fazê-lo na medida em que percebe que o material foi produzido pela criança com esta finalidade, isto é, percebe que a criança precisa saber se sua comunicação foi entendida. Mesmo uma interpretação "selvagem", diz Winnicott, pode ter o valor de expressar o desejo do terapeuta de entender o que lhe foi comunicado pelo paciente.

Nas *consultas terapêuticas*, o terapeuta é, sobretudo, um objeto subjetivo. Nelas, a comunicação silenciosa é essencial. Vale assinalar a frequência com que Winnicott se refere às consultas terapêuticas ou ao jogo do rabisco nelas utilizados quando, ao longo de sua obra, trata desse tipo de comunicação.

Em "Comunicação e falta de comunicação levando ao sentido de certos opostos" (1963), ao se referir à comunicação silenciosa, Winnicott afirma:

> Este é um terreno familiar em psicanálise, embora vários analistas o descrevam de modo diferente. Está relacionada ao conceito de "período de lua-de-mel" do início da análise, e à claridade especial de certas horas iniciais. Relaciona-se à dependência na transferência. Reúne-se também, ao trabalho que estou fazendo na exploração completa das primeiras horas, em tratamentos breves de crianças, especialmente crianças anti-sociais, para as quais uma análise em escala ampla não está disponível e talvez não seja sempre recomendável. (p. 168)

O trabalho das *Consultas* testemunha que, para Winnicott, a psicoterapia se situa numa região onde se sobrepõem duas áreas do brincar, a do paciente e a do terapeuta, como veremos no terceiro capítulo.

As *consultas terapêuticas* estão firmemente ancoradas nas teorias do autor. Ao publicar seu livro *Consultas terapêuticas em psiquiatria infantil*, Winnicott escreve:

> A única companhia que tenho ao explorar o território desconhecido de um novo caso é a teoria que levo comigo e que se tem tornado parte de mim e em relação à qual sequer tenho que pensar de maneira deliberada. (1971a, p. 14)

A partir de minha experiência com essa modalidade de atendimento, destaco, dentre as contribuições winnicottianas que dão base teórica à prática das *consultas terapêuticas*, aquelas que dizem respeito às teorias do *holding*, do sonho e do brincar.

Casos clínicos publicados por Winnicott e Masud Khan, e consultas terapêuticas por mim realizadas serão apresentados em consonância com os temas teóricos apresentados.

1.

O *HOLDING*

A noção de *holding* (*sustentação*) diz respeito, originalmente, à qualidade do meio ambiente decorrente da maneira como a mãe segura o filho em seus braços.

Embora essa expressão só tenha aparecido nos textos winnicottianos em meados da década de 1950, a noção de *holding*, no sentido amplo que inclui aspectos psicológicos da relação entre a mãe e seu bebê, esteve presente desde o início da prática clínica de Winnicott quando, na condição de pediatra em análise, começou a se interessar pela vida emocional das crianças por ele atendidas.

Em psicanálise, as elaborações teóricas têm origem na clínica, em seus sucessos e em seus fracassos. Uma leitura de obra de Winnicott deixa claro que duas experiências clínicas encontram-se, de modo especial, na origem de sua teoria do *holding*.

1. Durante a Segunda Guerra Mundial, quando teve de enfrentar as dificuldades encontradas nos programas de atendimento a crianças que foram evacuadas das cidades ameaçadas de bombardeio para o campo, Winnicott, juntamente com

Clare Britton, aquela que se tornaria sua segunda esposa, percebeu a necessidade, para a recuperação daquelas crianças, muitas delas antissociais, da criação de um meio ambiente favorável, chamado mais tarde de *ambiente de holding*.

2. Nesse mesmo período, tendo começado a atender pacientes psicóticos, Winnicott descobre, ou comprova em sua nova atividade clínica, a correspondência existente entre os processos primários do desenvolvimento emocional do bebê e as defesas utilizadas pelos pacientes psicóticos quando, ameaçados por invasões ambientais, regrediam a etapas primordiais dos processos do amadurecimento. A importância da qualidade do meio ambiente, não só para o desenvolvimento saudável dos bebês e das crianças, como para o tratamento de pacientes muito regredidos, em especial os psicóticos, foi apontada por Winnicott, em meados da década de 1940.

O holding, *uma função materna*

Vivências corporais do bebê

Algumas considerações sobre as vivências corporais do bebê durante a vida intrauterina e o nascimento, ou seja, antes de a mãe segurá-lo nos braços, dão início a minhas considerações sobre a importância da função materna de *holding*.

A vida intrauterina

Em seu artigo "Memória do nascimento, trauma do nascimento e ansiedade" (1949), Winnicott diz que o bebê dentro do útero ainda não se percebe como uma unidade. Não existe, para ele, globalidade no tempo nem no espaço. Seu estado é de não integração, acompanhado de uma *não consciência*[1].

Winnicott diz ter concluído do atendimento de um caso em análise que, sob certas condições muito especializadas, a paciente tinha levado para a sessão analítica uma regressão de parte do seu *eu* ao estado intrauterino.

Nessa ocasião, o autor afirma que, antes do nascimento, existe um *estar aí* pessoal, uma continuidade da capacidade de ter experiências e que essa continuidade, que poderia ser vista como o início do eu, é, periodicamente, interrompida por fases de reação a intrusões.

Embora, no texto citado, o termo *experiência* seja utilizado por Winnicott ao falar da vida intrauterina e do nascimento do bebê, ele dirá mais tarde que, para ter experiência, o bebê precisa ter atingido certo grau de integração.

É possível dizer que já existem, na vida intrauterina e no momento do nascimento, rudimentos de experiências, ou o que Walter Benjamin denomina *vivências*; algo que diz respeito à solidão do indivíduo moderno e relaciona-se à circunstância de esse indivíduo encontrar-se, em sua existência, constantemente defrontado com *choques*. Segundo o filósofo, a vivência é uma experiência própria do indivíduo solitário. Poderíamos pensar no feto e no recém-nascido winnicottiano como aquele em quem as vivências dão lugar, mais tarde, a experiências.

[1] A expressão "não consciência" é utilizada, pelo autor, no sentido daquilo que ainda não se tornou conhecido.

O nascimento

Winnicott considera que os cuidados maternos que se sucedem ao nascimento do bebê fazem parte do *holding* materno. Para ele, o prazer que as crianças retiram de atividades e jogos que envolvem uma dramatização do nascimento é uma prova de que a experiência do nascimento é real, isto é, de que os bebês já têm, nessa ocasião, possibilidades de terem "experiências".

O autor afirma ainda que o nascimento pode não ser excessivamente intrusivo (traumático) quando, do ponto de vista do bebê, é produzido pelos seus impulsos em direção ao movimento que tem origem na sua vitalidade. Por ocasião do nascimento, o corpo do bebê já se encontra apto a enfrentar uma série de modificações internas e externas, isto é, no interior do corpo e em sua superfície.

Winnicott dá alguns exemplos de aptidões do bebê para enfrentar determinadas vivências corporais. Em sua opinião, o estado de sofrimento devido ao adiamento da respiração nos bebês pós-maduros é uma prova de que eles têm, desde a fase final da vida intrauterina, uma aptidão biológica para as mudanças provocadas pela passagem da não respiração para a respiração.

As experiências vividas por pacientes regredidos levaram Winnicott a acreditar que muitos bebês tornam-se conscientes da respiração da mãe no momento do nascimento; eles percebem, certamente, seus movimentos abdominais ou as mudanças rítmicas de pressão e ruídos, podendo vir, após o nascimento, a precisar reatar o contato com as funções fisiológicas da mãe. Para esses bebês, é de grande importância o contato com a pele materna, em especial com a sensação de serem movimentados pelo sobe e desce da barriga da mãe.

Winnicott admite também que a mudança de pressão durante a passagem da vida intrauterina para o ambiente extrauterino pode causar a experiência de interrupção maciça da continuidade do ser. Mas acredita o autor que, dentro de certos limites, o recém-nascido já alcançou, nessa ocasião, suficiente capacidade de construir pontes sobre os abismos dessa continuidade. O fato de ele reagir à intrusão é indicativo da existência desses abismos.

Durante o nascimento, o bebê é capaz de catalogar os acontecimentos, salvo se estes forem excessivamente traumáticos e prolongados. Nesse caso, a interrupção da *continuidade de ser* ultrapassa certo limite compatível com a capacidade de construir as pontes sobre os abismos da continuidade. Os traumas mais graves são aqueles decorrentes de situações torturantes em que há uma progressão suave do processo de nascimento que, entretanto, fracassa repetidamente em atingir os resultados previstos.

Outro exemplo de interrupção do sentimento de *continuidade do ser*, dado por Winnicott, são as vivências decorrentes da necessidade que tem o recém-nascido de adaptar-se ao efeito da gravidade, ou seja, de adaptar-se à nova vivência de estar sendo empurrado para baixo em vez de ser contido em toda a sua volta, tal como acontecia no útero materno. As mães, diz o autor, reconhecem este fato pela maneira como seguram o bebê e como o enrolam em lençóis.

O papel da mãe, nos casos em que o bebê nasce em condições anormais, é recriar um ambiente tão próximo quanto possível das condições intrauterinas. Os bebês podem, por exemplo, precisar ficar mais frequentemente no colo e em silêncio.

Caso clínico I (D. W. Winnicott)

No texto sobre o nascimento, acima referido, Winnicott relata o sonho de uma de suas pacientes que retrata os sofrimentos causados por um nascimento traumático.

A paciente conta-lhe o seguinte sonho: *encontrava-se sob uma pilha de cascalho. Toda a superfície de seu corpo estava extremamente sensível; um grau de sensibilidade quase impossível de imaginar. Sua pele queimava. Ela queimava por inteiro. Sabia que se alguém chegasse e lhe fizesse qualquer coisa, a dor, tanto física quanto mental, se tornaria simplesmente impossível de tolerar, e tinha conhecimento do perigo que corria se alguém chegasse, retirasse o cascalho e tentasse curá-la; a situação seria insuportável.*

Este sonho, segundo Winnicott, era a forma encontrada pela paciente para afirmar a sua extrema sensibilidade e vulnerabilidade.

Conta o autor que, a partir do material analítico, havia evidências de que sua paciente tinha sido despertada para a consciência poucos dias antes do nascimento, devido a um grave choque sofrido pela mãe. Ainda mais, o parto complicou-se por placenta prévia não descoberta com suficiente antecedência.

Diz-lhe ainda a paciente que, junto àquelas sensações, havia sentimentos intoleráveis, comparáveis àqueles que acompanharam sua tentativa de suicídio (ela tentara suicidar-se duas vezes, o que mais tarde acabou conseguindo fazer). E acrescenta: "*Era impossível continuar suportando aquela coisa, o horror absoluto de ter um corpo, e a mente já por demais saturada. Era o montante da tarefa o que tornava tudo tão impossível. Se pelo menos as pessoas me deixassem sozinha, e não ficassem atentas a mim*".

O que aconteceu no sonho foi que alguém chegou e derramou óleo sobre o monte de cascalho sob o qual ela se encontrava. O óleo penetrou o cascalho, chegou à sua pele e a cobriu. Ela foi então deixada sem qualquer tipo de interferência por três semanas, ao fim das quais o cascalho pôde ser removido sem dor.

Havia, contudo, uma área ferida entre os seus seios, uma área triangular, que não havia sido alcançada pelo óleo – da qual surgia algo semelhante a um pequeno pênis ou cordão. Foi preciso dar atenção a isso, e naturalmente foi um pouco doloroso, mas bastante tolerável. Simplesmente não tinha importância, e alguém o retirou.

Acrescenta Winnicott: "A pessoa que compreendeu e verteu óleo sobre a paciente fui eu, seu analista, e o sonho indicou um grau de confiança adquirido pelo modo como o tratamento foi conduzido" (1949, p. 268).

Holding *e processos primários do amadurecimento pessoal*

Em 1945, Winnicott diz ter muita coisa a comunicar depois de sua experiência com cerca de doze pacientes psicóticos adultos. Nessa ocasião, apresenta aos seus colegas da Sociedade Britânica de Psicanálise seu artigo *princeps*, "Desenvolvimento Emocional Primitivo", em que expõe sua teoria dos processos primários do amadurecimento pessoal, também chamados de *tarefas* do bebê, dando destaque aos processos de *integração, personalização e realização*.

O bom andamento desses processos, segundo o autor, depende do bom desempenho das funções maternas de *segurar* e *manejar* o bebê, e também de *apresentar-lhe os objetos*, incluída nesta terceira função a apresentação do tempo, do espaço e de outros aspectos da realidade.

Holding e integração

Sobre a integração diz Winnicott:

> É possível assumir que num início teórico a personalidade não está integrada e que, na desintegração regressiva há um estado primário ao qual a regressão conduz. Postulamos, pois, a existência de uma não-integração primária. (p. 223)

Segundo Winnicott, a integração começa imediatamente após o início da vida do bebê e prossegue intercalando-se com momentos de não integração.

> Na vida normal de um bebê, ocorrem longos períodos de tempo nos quais os bebês não se importam em ser uma porção de pedacinhos ou um único ser, nem se ele vive no rosto

> da mãe ou em seu próprio corpo, desde que de tempos em tempos ele se torne uno e sinta alguma coisa. (*Ibidem*, p. 224)

Segundo o autor, dois tipos de experiências proporcionadas pelos cuidados maternos ajudam à tendência à integração: a técnica pela qual alguém mantém a criança aquecida, segura-a e dá-lhe banho, balança-a e a chama pelo seu nome, e também as agudas experiências instintivas que tendem a aglutinar a personalidade a partir de dentro.

A função materna de *holding* é descrita minuciosamente por Winnicott quando, por exemplo, chama a atenção sobre a maneira como a mãe segura seu bebê. Este deve receber um aviso; as várias partes do corpo devem ser seguradas em conjunto; no momento certo, a criança é levantada; o gesto da mãe começa, continua e termina.

Quando o segurar é adequado, o bebê pode não se integrar enquanto está sendo contido, e esta é uma experiência imensamente enriquecedora. No caso em que a ansiedade da mãe não lhe possibilita esse segurar confiável, o bebê não pode se dar ao luxo de reexperimentar o estado inicial de não integração. Na opinião de Winnicott, o berço é, então, uma boa alternativa, assim como a mamadeira pode ser uma boa alternativa para o seio.

A falha ambiental é, no início, falha em carregar o bebê com segurança. O ato de segurar mal uma criança força-a a ter uma consciência prematura de si mesma para a qual não está bem equipada. A excessiva reação do bebê a intrusões ambientais desse tipo está na origem de uma integração precoce que não deixa espaço para as experiências de não integração vividas normalmente pelo bebê quando em estado de repouso.

Winnicott ilustra a falha no segurar o bebê pelo teste do Reflexo de Moro realizado pelos pediatras. É claro que a realização deste teste em uma consulta não perturba a psicologia de um bebê, diz Winnicott, mas, se uma mãe a cada vinte minutos erguesse o bebê e deixasse sua cabeça pender para ver o que aconteceria, este bebê não teria, com certeza, uma mãe suficientemente boa.

Na clínica, Winnicott encontra a confirmação de suas teorias sobre o *holding* quando afirma:

> Na situação transferencial, durante a análise de um paciente psicótico, temos a mais clara prova de que o estado psicótico de não-integração teve seu lugar natural num estágio primitivo do desenvolvimento emocional do indivíduo. (Idem)

Holding e personalização

Diz Winnicott:

> Igualmente importante, além da integração, é o desenvolvimento do sentimento de estar dentro do próprio corpo. Novamente, é a experiência instintiva e a repetida e silenciosa experiência de estar sendo cuidado fisicamente que constroem, gradualmente, o que poderíamos chamar de personalização satisfatória. Assim como a desintegração,

> o fenômeno psicótico da despersonalização também está relacionado ao retardamento da personalização no começo da vida. (*Ibidem*, p. 225)

Certo de que as experiências de funções e sensações da pele, junto ao erotismo muscular, fortalecem a coexistência saudável entre a psique e o corpo do bebê, Winnicott dá ênfase à importância dos cuidados corporais propiciados pela mãe, especialmente no manusear da pele de seu filho. Ele insiste, particularmente, na importância da consideração da sensibilidade cutânea, o que demanda cuidados especiais com as roupas e a nudez.

Holding e relacionamentos com a realidade externa

Quando trata do relacionamento primário do bebê com a realidade externa, Winnicott chama a atenção para a amplitude das questões a serem tratadas. Esse relacionamento é tratado por Winnicott no contexto da relação do bebê com o seio materno. Diz o autor:

> No contexto do relacionamento do bebê com o seio materno, o bebê tem impulsos instintivos e idéias predatórias. A mãe tem o seio e o poder de produzir leite, e a idéia de que ela gostaria de ser atacada por um bebê faminto. Esses dois fenômenos não estabelecem uma relação entre si até que a mãe e o bebê *vivam juntos uma experiência*. A mãe, sendo madura e fisicamente capaz, deve ser a parte que tolera e compreende,

> sendo ela, portanto, quem produz uma situação que, com sorte, pode resultar no primeiro vínculo estabelecido pelo bebê com um objeto externo, um objeto que é externo ao eu, do ponto de vista do bebê.
> Imagino esse processo como se duas linhas viessem de direção opostas, podendo aproximar-se uma da outra. Se elas se superpõem, ocorre um *momento de ilusão* – uma partícula de experiência que o bebê pode considerar *ou* como uma alucinação sua, *ou* como um objeto pertencente à realidade externa [...]
> É especialmente no início que as mães são vitalmente importantes, e de fato é tarefa da mãe proteger o seu bebê de complicações que ele ainda não pode entender, dando-lhe continuamente aquele pedacinho simplificado do mundo que ele, por meio dela, passa a conhecer. Toda falha relacionada à objetividade, em qualquer época, refere-se a essa falha nesse estágio do desenvolvimento emocional primitivo. (*Ibidem*, p. 227-228)

Diria que a intuição winnicottiana, que o conduziu à elaboração da teoria dos objetos e fenômenos transicionais, aparece no artigo de 1945, acima citado.

Em 1951, em seu artigo "Objetos transicionais e fenômenos transicionais", Winnicott afirma:

> Uma descrição da natureza humana realizada em termos dos relacionamentos interpessoais é geralmente vista como

> inadequada, mesmo abarcando a elaboração imaginativa das funções, a fantasia como um todo, tanto consciente como inconsciente, e inclusive o inconsciente recalcado. Há um outro modo de descrever as pessoas, que deriva das pesquisas realizadas nas duas últimas décadas, pelo qual todo mundo que alcançou a condição de ser uma unidade (com uma membrana limitadora entre o exterior e o seu interior), possui uma *realidade interna*, um mundo interno que pode ser rico ou pobre, que pode estar em paz ou em estado de guerra. A minha reivindicação é a de que, se há necessidade dessa duplicidade na descrição, há a necessidade de uma descrição tríplice: existe uma terceira parte na vida do indivíduo, parte essa que não podemos ignorar; uma região intermediária de *experimentação*, para a qual contribuem tanto a realidade interna quanto a vida externa. Trata-se de uma área não questionada, pois nenhuma reivindicação é feita em seu nome, salvo a de que possa existir como um lugar de descanso para o indivíduo permanentemente engajado na tarefa humana de manter as realidades internas e externas separadas e ao mesmo tempo inter-relacionadas. (p. 317-318)

Nessa ocasião, Winnicott deixa claro, mais uma vez, a importância das funções maternas na fase do *holding*, quando afirma:

> Não existe qualquer possibilidade de que um bebê progrida do princípio do prazer para o princípio de realidade ou para

> o além da identificação primária a não ser que exista uma mãe suficientemente boa. A "mãe" (não necessariamente a própria mãe do bebê) suficientemente boa é a que faz uma adaptação ativa às necessidades do mesmo, uma adaptação ativa que gradualmente diminui, de acordo com a crescente capacidade do bebê de suportar as falhas na adaptação e de tolerar os resultados da frustração. Naturalmente, a mãe propriamente dita tem maiores possibilidades de ser suficientemente boa do que uma outra pessoa, pois essa adaptação ativa exige uma preocupação fácil e livre de ressentimentos. De fato, o sucesso ao cuidar de um bebê depende mais da devoção do que de inteligência ou conhecimento. (*Ibidem*, p. 326)

Potencial herdado e meio ambiente

Em seu artigo "Teoria do relacionamento paterno-infantil" (1960b), Winnicott mostra-se preocupado com a confusão existente na Sociedade Britânica de Psicanálise no que diz respeito à influência de fatores pessoais (inatos, herdados) e às condições ambientais do lactente, estas entendidas como os cuidados maternos e as mudanças que ocorrem na mãe enquanto espera um bebê.

Nesse sentido ele afirma:

> Os lactentes vêm a ser de modo diferente conforme as condições sejam favoráveis ou desfavoráveis. Ao mesmo tempo, essas condições não determinam o potencial do lactente.

> Este é herdado e é legítimo estudar este potencial herdado do indivíduo como um tema separado, *desde que sempre seja aceito que o potencial herdado de um lactente não pode se tornar um lactente, a menos que ligado ao cuidado materno.*
>
> [...] Presumivelmente, todos os estágios de desenvolvimento emocional têm mais ou menos uma data em cada criança. A despeito disso, essas datas não apenas variam de criança para criança, mas ainda que fossem conhecidas com antecipação, no caso de certa criança não poderiam ser utilizadas para predizer o seu desenvolvimento atual por causa do outro fator, o cuidado materno. (1960b, p. 43)

De acordo com o pensamento de Winnicott, o *potencial herdado* diz respeito à tendência inata do bebê, no sentido do crescimento e do amadurecimento. A questão colocada pelo autor é: o que advém do potencial herdado do bebê?

Uma descrição dos destinos do potencial herdado tem que levar em conta os cuidados parentais classificados por Winnicott em três estágios:

1. o *holding* (proporcionado pela mãe);
2. mãe e lactente vivendo juntos; aqui a função do pai (ao lidar com o ambiente para a mãe) não é conhecida pela criança;
3. pai, mãe e lactente, todos vivendo juntos.

Winnicott insiste, no artigo citado, na amplitude de significado da expressão *holding*. Em suas palavras:

> O termo *holding* é utilizado aqui para significar não apenas o segurar físico do bebê, mas também toda provisão ambiental, anterior ao conceito de *viver com*. Em outras palavras, se refere a uma relação espacial ou em três dimensões, com o fator tempo adicionado. (p. 44)

O autor deixa claro que o *holding* se sobrepõe às experiências instintuais que determinam as relações objetais, porém sua origem é mais precoce. O conceito de *holding* inclui o manejo de experiências que são inerentes à existência, tais como a complementação (e consequentemente a não complementação) de processos que, vistos de fora, podem parecer puramente fisiológicos mas, que, de fato, pertencem à psicologia do bebê e se desenvolvem em um campo psicológico complexo, determinado pela empatia da mãe e pelo fato de ela perceber o que concerne ao seu filho. Winnicott dá como exemplo o processo de amamentação; não se trata de um processo puramente biológico, pois será muito diferente se a mãe é ou não capaz de identificar-se com seu bebê enquanto o amamenta.

Sob o prisma da fase do *holding*, Winnicott retoma, com mais detalhes, as características do desenvolvimento sequencial do lactente apontadas em 1945.

1. O processo primário, a identificação primária, o autoerotismo e o narcisismo primário são "realidades vivas", isto é, são experiências reais.
2. Dependendo da continuidade de um cuidado materno consistente, ou de recordações de cuidados maternos percebidos como tais, o ego do lactente evolui de um estado não integrado a uma integração estruturada, podendo o lactente experimentar a ansiedade que é associada à desintegração. O lactente chega durante a fase do *holding* ao que se poderia chamar de "estado unitário", tornando-se uma pessoa com individualidade própria.
3. Em seguida, tem lugar a inserção da psique no soma, baseada nas experiências funcionais motoras e sensoriais. Adiciona-se a existência de uma membrana limitante equacionada com a superfície da pele e posicionada entre o "eu" e o "não eu" do lactente, que passa a ter um interior e um exterior e um esquema corporal. Começam, então, a ter sentido as funções de entrada e saída, tornando-se gradualmente significativo pressupor uma realidade psíquica interna ou pessoal para o lactente.
4. Winnicott dá destaque, também, ao despertar da inteligência e à formação de funções mentais como algo diferenciado do psiquismo. Decorre daí toda a história dos processos secundários e do funcionamento simbólico, assim como a organização do conteúdo psíquico

pessoal que oferece uma base para as relações na vida e nos sonhos.

5. Dá-se ainda, na fase do *holding*, a fusão das duas raízes do comportamento impulsivo do bebê, ou seja, tem lugar o processo positivo por meio do qual elementos difusos, que fazem parte do erotismo muscular e do movimento, tornam-se normalmente fundidos com o funcionamento orgástico das zonas erógenas. Segundo Winnicott:

> [...] todos esses desenvolvimentos fazem parte das condições ambientais de *holding* e sem um *holding* suficientemente bom esses estados não podem ser alcançados, ou uma vez alcançados não podem ser mantidos. (*Ibidem*, p. 45)

Como um desenvolvimento adicional, Winnicott acrescenta a capacidade para relações objetais. O lactente muda de um relacionamento com um objeto subjetivamente percebido para uma relação com um objeto objetivamente percebido. O autor deixa claro que a capacidade de ter relações objetais é coisa do futuro. Essa etapa não se relaciona especificamente ao *holding*, mas sim à fase de "vida em comum".

Dois outros pontos sobre o *holding* são abordados por Winnicott quando trata do potencial herdado do lactente e de sua relação com o meio ambiente: dependência e meio ambiente.

Holding e dependência

De uma nova perspectiva, Winnicott situa o bebê em relação à sua dependência do meio ambiente. Três níveis são destacados: "dependência absoluta", "dependência relativa" e "rumo à independência".

Na fase do *holding*, o bebê é dependente ao máximo, pois não tem meios para reconhecer os cuidados maternos. Essa dependência é chamada por Winnicott de *dupla dependência*: o bebê depende e não sabe que depende. Não tendo ainda adquirido o controle do que é bem ou malfeito, ele pode apenas tirar benefícios ou sofrer perturbações segundo a qualidade da provisão ambiental.

Holding e isolamento do _self_

Winnicott parte da noção de um núcleo da personalidade denominado *self* central ou verdadeiro, definido como "o potencial herdado que está experimentando a continuidade da existência e adquirindo, à sua maneira e em seu ritmo, uma realidade psíquica pessoal e um esquema corporal pessoal" (*Ibidem*, p. 46).

Afirma o autor que o isolamento do *self* é uma característica da saúde e toda ameaça a esse isolamento do *self* verdadeiro constitui uma ansiedade maior na fase do *holding*. As defesas mais precoces dos lactentes ocorrem por falhas por parte das mães que não conseguem evitar as invasões que poderiam perturbar esse isolamento.

Esclarece Winnicott que as invasões podem ser recebidas e manejadas pela onipotência do ego do lactente e sentidas como projeções, mas podem também superar suas defesas, mesmo quando seu ego recebe auxílio por meio da provisão materna.

Nesse caso, o *self* verdadeiro, também chamado de núcleo central do ego, é afetado e a consequência é a angústia psicótica. Como defesa, o indivíduo torna-se invulnerável às invasões ambientais; cada nova invasão confere simplesmente novo grau e nova qualidade à ocultação do núcleo central do *self*.

Quando, nos estágios iniciais, o potencial herdado está se tornando uma "continuidade de ser", a ansiedade do relacionamento entre os pais e o bebê se relaciona com a ameaça de aniquilamento. A alternativa a ser é reagir, e reagir interrompe o ser e o aniquila.

Winnicott explica que, quando fala de aniquilamento, não está se referindo à noção de pulsão de morte. Para ele, a morte não tem sentido até a chegada do ódio e do conceito da pessoa humana completa. A pessoa odiada ou amada é mantida viva ao ser castrada ou mutilada de outra forma, ao invés de ser morta.

A importância específica do meio ambiente é reiterada por Winnicott tanto na fase inicial da vida humana como no tratamento de determinadas categorias nosográficas. O ponto central de sua exposição é, segundo ele próprio, mostrar a importância do papel do meio ambiente parental inicial no desenvolvimento da criança e no momento em que esse papel adquire significado clínico no manejo de certos casos.

A função do ambiente é reduzir as invasões ao mínimo, deixando prevalecer condições ambientais favoráveis ao estabelecimento da continuidade da experiência, que tornem possível a absorção das invasões pela área de onipotência do ego do bebê.

Holding *e* setting *analítico*

Winnicott deu grande destaque à função de *holding* do analista. A boa qualidade ambiental é apontada por ele como importante para a vida emocional dos indivíduos em qualquer idade e também no tratamento psicanalítico.

Em "Memórias do nascimento, trauma do nascimento e ansiedade", ao tratar da função de *holding* do analista, afirma:

> O analista deve, na verdade, esperar por materiais referentes a todos os tipos de fatores ambientais. É necessário, por exemplo, reconhecer e avaliar o tipo de ambiente que pertence às experiências intra-uterinas, e também aquele que pertence às experiências do nascimento. Igualmente, quanto à capacidade da mãe de devotar-se ao recém-nascido, e à capacidade do casal de assumir uma responsabilidade conjunta, à medida que o bebê se desenvolve e transforma-se numa criança. E também quanto à capacidade do grupo social de permitir à devoção da mãe e à cooperação dos pais de fazerem a sua parte e de levarem adiante suas tarefas, a ponto de permitir ao indivíduo participar da criação e da manutenção do contexto social. (p. 257-258)

Holding *e regressão*

Em "Aspectos clínicos e metapsicológicos da regressão no setting analítico" (1954), Winnicott dá novas dimensões ao conceito de *regressão*. Entendendo que a expressão indica apenas o contrário do progresso, afirma:

> Observando mais de perto, percebemos imediatamente que *não pode existir simplesmente reversão do progresso*. Para que o progresso seja revertido, é preciso que haja no indivíduo uma organização que possibilite o acontecimento da regressão. (1954, p. 377)

E acrescenta:

> Assim encontramos:
> – Uma falha na adaptação por parte do ambiente, resultando no desenvolvimento de um falso *self*.
> – A crença numa possibilidade de correção da falha original, representada por uma capacidade latente de regredir, o que implica uma organização egóica complexa.
> – Uma provisão ambiental especializada, seguida por uma regressão propriamente dita.
> – Um novo desenvolvimento emocional com suas complicações. (*Ibidem*, p. 377-378)

O autor lembra que, enquanto a aplicação do tratamento psicanalítico esteve restrita à análise de pacientes adultos, o termo regressão teve a implicação de retorno às fases primitivas da vida instintiva, não sendo levado em consideração o cuidado da criança.

De uma nova perspectiva que leva em conta não só os elementos instintivos do indivíduo, mas igualmente o *holding* materno, a regressão deixou de ser um simples retorno a um ponto de fixação.

Em seu texto "Classificação: existe uma contribuição psicanalítica à classificação psiquiátrica?" (1959-1964), Winnicott diz:

> Com o estudo da criança *em vivo* não é mais possível evitar a consideração do meio. De modo que, ao falar de uma criança concretamente, deve-se mencionar dependência e natureza do ambiente. O termo *regressão*, portanto, fica como uma aplicação clínica em termos de *regressão à dependência*. Há uma tendência ao restabelecimento da dependência e por isso o comportamento do meio se torna algo que não pode ser ignorado se a palavra regressão for usada. O termo regressão continua a conter a idéia de regressão ao processo primário. A tendência à regressão em pacientes é então vista como parte da capacidade do indivíduo de se curar. Dá a indicação do paciente ao analista de como o analista deve se comportar mais do que de como ele deve interpretar. Junto com este tema está o fato clínico da cura por meio do processo de regressão que é freqüentemente verificado fora do tratamento psicanalítico. (p. 117)

Quando fala da regressão, que se caracteriza pelo fato de surgir quando existe confiabilidade em relação ao meio ambiente, Winnicott afirma que, em tais circunstâncias, a regressão não expressa a doença, mas os elementos sadios da personalidade. Para Winnicott, regredir em um ambiente confiável significa processo de cura.

No texto citado, ele divide os casos clínicos em três categorias:

a. Na primeira categoria, estão os pacientes que passam a ter dificuldades no curso normal de sua vida em família. Tais dificuldades existiram no período anterior à latência tendo havido um desenvolvimento satisfatório nos estágios iniciais da infância.
b. Na segunda categoria estão os pacientes que precisam de uma análise da posição depressiva, uma vez que o analista lida, especialmente, com o relacionamento mãe-bebê no momento em que o termo desmame passa a ter um sentido.
c. Na terceira categoria, encontra-se o desenvolvimento emocional primitivo, na fase em que é preciso que a mãe esteja segurando concretamente o bebê.

Na clínica, quando o paciente regride em um *setting* analítico confiável, as falhas do manejo do analista, por vezes inevitáveis, podem levar o paciente a reviver experiências ambientais precoces responsáveis pela desintegração que o levou a reagir, naquele momento traumático, por meio de um ocultamento do verdadeiro *self*.

O comportamento suficientemente bom do analista em termos de adaptação às necessidades do paciente é gradualmente percebido, ao longo das sessões, como algo que suscita nele a esperança de que o verdadeiro *self* pode correr os riscos implícitos no início de sua experiência do viver.

Em pacientes muito regredidos, ou em momentos de grande regressão em pacientes normais, o analista precisa lidar com a fixidez das percepções por eles apresentadas. Por vezes, estas adquirem um caráter fortemente subjetivo ou mesmo delirante. Winnicott chamou a atenção para a importância, nesses casos, da consideração dos fenômenos de dependência do paciente e de necessidade de adaptação do analista ao estado em que seu cliente se encontra.

Em *Notas sobre retraimento e regressão* (1965b), Winnicott relata uma sessão com uma paciente ilustrando a distinção entre retraimento e regressão: enquanto na regressão há dependência, no retraimento há uma independência patológica. Diz o autor ter observado na clínica que, quando o retraimento se torna uma característica importante, o paciente sempre fica muito zangado se o analista o toma, equivocadamente, por regressão ou não se dá conta de que o retraimento tem de ser tratado de modo diferente.

E acrescenta:

> Mais difícil é o fato de que, na prática, assiste-se à mudança do retraimento para a regressão, à medida que o paciente se torna capaz de identificar o que há de positivo em nossa atitude. (p. 116)

Em "O conceito de regressão clínica comparado com o de organização defensiva",(1968d), Winnicott diz que a maternagem suficientemente boa capacita o bebê para o encontro com situações imprevisíveis, antes de poder admitir fracassos ambientais. O corolário desta afirmação é que cabe ao terapeuta proporcionar ao paciente a confiabilidade necessária para que ele possa anular as defesas que foram erigidas contra a imprevisibilidade e suas consequências.

Holding *e transferência*

Regredido e dependente do terapeuta, o paciente revive as situações traumáticas que, atualizadas na análise, podem ser compreendidas e interpretadas. No trabalho terapêutico, alerta Winnicott, esse processo é complexo.

Ele conta como, num caso de um tratamento psicanalítico, o clima de confiança oferecido pelo analista possibilitou ao paciente abandonar suas defesas contra a imprevisibilidade. Mas, mergulhado na complexidade da relação transferencial, ele passou a experimentar os equívocos do analista como novos traumas. Nesses casos, os inevitáveis fracassos, causados pelo próprio analista, são utilizados pelo paciente para expressar sua agressividade. O analista pode sobreviver à raiva do paciente ou retaliá-lo através de interpretações dogmáticas. É sobrevivendo que o analista o libera de expectativas paranoides em relação ao meio, possibilitando-lhe a integração do trauma à sua personalidade total.

Winnicott valorizou a transferência não apenas como lugar de *projeção de representações*, mas também como lugar de experiências no *setting*; experiências que remetem às vivências mais precoces do indivíduo e às funções exercidas pelo meio ambiente ao longo dos processos do amadurecimento pessoal do bebê.

Winnicott deixa claro que os acontecimentos dos estágios iniciais não podem ser vistos como perdidos por meio do recalque. Cabe ao analista, enquanto objeto de transferência, favorecer a capacidade do paciente para reatualizar vivências desintegradoras do *self* ocorridas ao longo de sua infância. Tais experiências, vividas no contexto de uma relação de confiança, abrem espaço para a integração dos elementos dissociados na personalidade total do paciente.

O autor chama a atenção para o fato de o analista encontrar-se confrontado com o processo primário do paciente, na situação em que esse processo tinha seu valor original. Uma das características da relação transferencial, nesse estágio, é que o analista deve permitir que o passado do paciente se torne presente e corresponder ao que o paciente espera dele, ou seja, deve assumir a posição em que o coloca a neurose ou a psicose de transferência do seu cliente, pois na situação transferencial o paciente não tem apenas sua idade, ele tem todas as idades ou nenhuma idade.

Ao chamar a atenção para a importância da adaptação do analista aos diferentes tipos de relações transferenciais, sempre móveis e normais dentro de certo limite, Winnicott deixa claro que a patologia do paciente encontra-se na perda dessa mobilidade.

Holding e interpretação

Na clínica de Winnicott, o valor da interpretação depende do diagnóstico do paciente. Em "O ódio na contratransferência" (1947), ele afirmou que a provisão e manutenção de um ambiente rotineiro pode ser, em si mesma, de importância vital na análise de pacientes psicóticos e, de fato, pode revelar-se mais importantes do que as interpretações verbais que também devem ser feitas. Em suas palavras:

> Para o neurótico, o divã, o calor e o conforto podem *simbolizar* o amor da mãe. Para o psicótico seria mais correto dizer que essas coisas são a expressão física do amor do analista. O divã é o colo ou o útero do analista, e o calor é o calor vivo do analista. (p. 283)

O material a ser interpretado depende do nível de regressão do paciente. Daí sua afirmação:

> Em certas análises, durante a maior parte do tempo o paciente tem sua própria idade, e podemos colher todo o material necessário relativo à infância por meio das memórias e fantasias explicitadas de uma forma adulta. Não creio que nesses momentos haja alguma utilidade para a interpretação do trauma do nascimento. (1949, p. 263)

Na análise de psicóticos ou nas últimas fases da análise de pacientes normais, o analista irá encontrar-se numa posição comparável à da mãe de um bebê recém-nascido. A mãe deve tolerar seu sentimento de ódio pelo bebê sem fazer nada a respeito. Ela tem a capacidade de ser agredida e sentir ódio pelo filho sem vingar-se dele, e tem aptidão especial para esperar por recompensas que podem vir ou não muito mais tarde.

Assim como o recém-nascido é incapaz de sentir "simpatia" pela mãe, o paciente muito regredido não tem como se identificar com o analista ou apreciar seu ponto de vista.

Segundo Winnicott, a criança precisa de ódio para poder odiar. Do mesmo modo, o paciente psicótico não pode tolerar seu ódio, a não ser que o analista também possa odiá-lo.

Nesse contexto, a questão da interpretação se coloca, pois uma análise permanecerá incompleta enquanto não seja possível ao analista contar ao paciente o que ele (analista) fez sem que o paciente soubesse, por estar tão doente nas fases iniciais. Enquanto essa interpretação não for feita, o paciente ficará na condição de uma criança – incapaz de entender o que ele deve à sua mãe.

A questão da interpretação recebe novas formulações em Winnicott quando compara a resposta da mãe às necessidades de seus bebês às interpretações do analista, e considera que, do mesmo modo que o lactente, ao ultrapassar a fase de fusão, tem que transmitir sinais para que a mãe conheça suas necessidades, o analista, salvo nas fases de grande regressão do paciente à infância mais precoce, não deve dar respostas, exceto se o paciente der indícios sobre sua experiência no *setting*.

Continuando sua comparação, Winnicott diz que as mães que tiveram muitos filhos começam, muitas vezes, a ficarem boas na técnica de criá-los, e assim passam a antecipar suas respostas ao invés de esperar os sinais da criança. Nesses casos, o gesto criativo, o protesto e o choro do bebê ficam faltando, porque a mãe se precipitou em satisfazer as necessidades dele. Nessa ocasião Winnicott afirma: "Este detalhe é reproduzido no trabalho analítico com pacientes *borderlines*, e em todos os casos, nos momentos em que a dependência na transferência é máxima" (Winnicott, 1960b, p. 51).

Holding ***e*** **setting** ***nas consultas terapêuticas***

Após a Segunda Guerra, embora não tenha dado continuidade a seu trabalho como pediatra, Winnicott dá prosseguimento a suas atividades com as crianças no hospital de Peddington Green onde, dentro de uma abordagem psicológica, começa a utilizar o método das *consultas terapêuticas*. A instauração de um ambiente de *holding* suficientemente bom, oferecido pelo terapeuta, está no centro dessa modalidade de tratamento graças às experiências de confiança e mutualidade favorecidas pelo jogo do rabisco, como veremos no terceiro capítulo.

A adaptação ativa, empática, humanamente perfeita do analista durante as *consultas*, dá ao paciente a confiabilidade que ele precisa ter para poder recordar e experimentar situações traumáticas do passado, e sentir, em relação a elas e não em relação ao analista, a raiva que não foi experimentada ou expressa naquele momento.

Nas *consultas*, a ocorrência das falhas do analista tende ao mínimo. Técnica breve, as *consultas* terapêuticas não favorecem o desenvolvimento da neurose de transferência, mas sim a instauração de um clima de cooperação em que os enganos do analista, frequentemente corrigidos pelo paciente, não são, para este, motivo de ódio.

O apoio do analista se expressa por seu comportamento e por uma técnica de interpretação criativa, construída a dois na relação terapêutica. Em seu livro sobre as consultas terapêuticas, Winnicott diz:

> A interpretação não é, em si mesma, terapêutica, mas facilita aquilo que é terapêutico, isto é, o retorno à memória da criança de experiências assustadoras. Com o *holding* do ego oferecido pelo terapeuta, a criança se torna capaz, pela primeira vez, de assimilar essas experiências-chave a sua personalidade global. (p. 226-227)

Caso clínico II – Rafael (Ivone Lins)

Apresentarei as cinco consultas com Rafael – as três primeiras só com ele e as duas seguintes com a participação de sua mãe.

A queixa apresentada pela mãe, quando procura o Serviço de Atendimento ao Adolescente, situa Rafael entre os casos mais comuns que procuram os serviços ambulatoriais de saúde mental. Sem apresentar qualquer indício de distúrbio psiquiátrico, ele é trazido devido a insucessos escolares e dificuldades no relacionamento familiar.

Rafael é um adolescente de dezesseis anos, magro, bastante alto para sua idade. Monossilábico, de início limita-se a responder a minhas perguntas. Conta que o motivo que levou sua mãe a procurar o Serviço foi ele ter repetido pela terceira vez a sexta série. E acrescenta que reclamam por ele estar se tornando cada vez mais reservado e difícil.

Para entender o que acontecia com Rafael, eu sabia que deveria oferecer-lhe uma ocasião propícia a que falasse, à sua maneira, de seus problemas. Propus-lhe o jogo do rabisco e disse-lhe que poderíamos continuar conversando enquanto jogávamos. Esperava conseguir assim um clima mais descontraído, o que de fato ocorreu. Rafael não se mostrou particularmente interessado no jogo, mas relaxou um pouco.

Em alguns casos, sobretudo com adolescentes, o jogo do rabisco pode ser abandonado. Nessa faixa etária, estabelecido um clima de confiança, a comunicação verbal predomina.

Procurava adaptar-me a seu ritmo: às vezes comentávamos os desenhos, outras nos abstínhamos de qualquer comentário. Por meio de minhas perguntas, demonstrava-lhe meu interesse em conhecê-lo. Rafael começou a contar-me sua história. Era, certamente, essa a sua expectativa em relação a nosso encontro, o que deduzi da maneira como se empenhava em fazer-me conhecedora de suas mágoas e de seus infortúnios.

Conta que seus pais se separaram quando ele tinha um ano. Nessa ocasião, ele, o irmão mais novo e a mãe mudaram-se para a casa da avó materna, onde já moravam um tio e uma tia, ambos solteiros. Rafael lamenta a partida de seu tio, quando este se casou, e também o casamento da tia, a quem *adorava*. O pior é que a tia foi morar no sul do país, levando com ela a avó de Rafael.

Conta ainda, meu paciente, que há dois anos sua mãe casou-se com alguém com quem ela mantinha, há muito tempo, uma relação amorosa. Naquela ocasião, Rafael reencontra seu pai legítimo que, casado pela segunda vez, mora em uma cidade muito distante. Esse encontro foi tão decepcionante que nunca mais se viram, deixou-me entender Rafael.

Observei que ele se expressava de maneira direta, com clareza, dando a impressão de bastante maduro para sua idade. Parecia mais aliviado e mesmo satisfeito de poder falar de tudo isto. Minhas intervenções, nesta entrevista, tiveram como objetivo facilitar seu desabafo.

"E agora, o que se passa?", perguntei. Rafael queixa-se do padrasto, um homem autoritário que lhe proíbe muitas coisas como sair à noite, ler revistas que lhe interessam e escutar música moderna. Chegou mesmo a proibi-lo de participar de um campeonato de natação. Nesse momento, percebi que Rafael continha sua revolta. "E sua mãe?", indaguei. Respondeu-me que quando ele se queixava, D. Daisy lhe dizia que ele e o irmão tinham tudo aquilo de que necessitavam, mas que Rafael, particularmente, não cumpria com seus deveres. Conversamos mais um pouco e propus a Rafael um segundo encontro. Ele se mostrou receptivo à proposta.

Na segunda entrevista, chegou da mesma maneira que na entrevista anterior: deprimido, distante, *reservado*, como diziam em sua casa. Vi nele um rapaz sem esperanças e comuniquei-lhe minha impressão. "É, algo me falta", diz Rafael, sem conseguir, no entanto, definir o que lhe faltava.

Retomamos o jogo do rabisco. Deixo que o jogo transcorra em silêncio até o momento em que Rafael, a partir do meu rabisco, desenha um violão. Este era um desenho muito pessoal. Até então desenhávamos paisagens, rostos e animais.

Refiro-me ao seu interesse pela música. Rafael volta a falar do padrasto para dizer que este lhe proíbe de cantar em inglês e de tocar *rock*, mas que ele, Rafael, toca às escondidas. Um amigo seu, professor de violão, empresta-lhe a guitarra e o encoraja, dizendo que ele tem muito talento para a música.

Eu apenas lhe comunicava minha compreensão dos fatos relatados. Meu comportamento não interpretativo era deliberado. Tinha aprendido o que Winnicott descobriu nas *consultas terapêuticas* e no tratamento dos psicóticos: os pacientes são excepcionalmente tolerantes quanto às limitações do entendimento do analista, embora sejam extremamente intolerantes quanto ao comportamento deste.

Eu buscava atingir, juntamente com Rafael, o motivo real de seu comportamento retraído, e cuidava para que minhas intervenções não fossem invasivas, constituindo-se em novos traumas. A palavra-chave que me orientava era *confiabilidade*. Neste clima, conversamos sobre suas frustrações atuais e sobre a maneira como ele reagia a elas por meio do silêncio e do retraimento sem deixar que sua raiva se exprimisse diretamente.

Nossos diálogos se assemelhavam a um jogo em que eu lançava os rabiscos e esperava que ele, em seguida, completasse o desenho. Diria que havia, em nossa relação, uma confiança que me levava a traçar "rabiscos verbais", que ele podia utilizar.

Até aquele momento da consulta, não poderia afirmar com segurança se estava diante de um adolescente saudável que passa pelas dores da adolescência ou de uma pessoa enferma devido a circunstâncias ambientais desfavoráveis.

Marcamos mais uma entrevista.

Durante o terceiro encontro, não me pareceu mais necessário usar o jogo do rabisco. Logo de início, Rafael me conta os esforços que fez naquela semana para se recuperar na escola. Decidiu voltar à natação que, por capricho, se negara a retomar quando a mãe retirou-lhe a proibição. Naquela semana, ela voltou a insistir e ele resolveu aceitar.

Não diria que Rafael se mostrava exuberante, mas, certamente, bem mais vivo do que nas entrevistas anteriores. Parecia contente ao contar tudo que fez após nosso último encontro.

Passei a segui-lo sem saber onde desaguaríamos, até que ele interrompeu seu relato para exprimir sua defesa contra os perigos de novas desilusões. "*É melhor esperar para ver em que vai dar*", diz em tom melancólico, para acrescentar logo em seguida: "*Mesmo que tenha recebido muita coisa, tenho a impressão de ter sido ultrajado. Se faço muito bem alguma coisa, então recebo todos os elogios. Não quero nada disso. Gostaria de ser aceito do jeito que sou*". E, indignado, exclama: "*Vou buscar meu futuro, terei minha independência. Quando fizer dezoito anos, vou entrar para o exército*".

Dizer sentir-se ultrajado foi, sem dúvida, a revelação essencial de Rafael nessa *consulta*. Tínhamos alcançado o momento-chave, o *momento sagrado*, como o chama Winnicott. Sem dúvida, ao dizer que se sentia ultrajado, a despeito do que tenha recebido, falava-me de carências infantis, ligadas à inconfiabilidade do meio. "*Algo me falta*", foi como ele se expressou na segunda entrevista, quando lhe falei de sua falta de esperança.

Tudo levava a crer que Rafael atualizava, nas consultas, desilusões precoces que precisavam fazer-se presentes. Ele experimenta o sentimento de ter sido ultrajado no primeiro de seus direitos, o de ser ele mesmo. O fator mais importante, entretanto, é que, talvez pela primeira vez, responde a esse sentimento não com retraimento, mas com raiva. Diz Winnicott que quando existe raiva não existe trauma.

Rafael pôde fazer, ao longo das entrevistas, uma nova experiência: a experiência de ser aceito tal qual ele era. A confiabilidade experimentada em nossos encontros devolveu-lhe, pelo menos em parte, a autoconfiança perdida. O sentir-se ultrajado reapareceu na medida em que se encontrou aparelhado para lidar com o fracasso ambiental através do autocuidado. Faz planos: quer ser independente e acredita que terá meios de sê-lo.

A confiança e a confiabilidade andam juntas. Rafael me contou que seu irmão tem namoradas, ele não. As garotas sempre lhe telefonam, mas ele não pode suportar uma relação mais estável. Na verdade, o que Rafael não suportava era correr o risco de novas desilusões. É ele que me diz isso: "*Tenho medo de perder; por vezes tudo vai bem; de repente, vem o inesperado e então tudo se perde*".

A partir desse *momento mágico* da entrevista, ele passou a falar com bastante espontaneidade, tomando, cada vez mais, a direção das nossas conversas. Juntos, relacionamos seus problemas atuais com as frustrações da infância, tal como ele delas se lembrava.

Conversamos sobre a perda da atenção materna, no momento do segundo casamento de sua mãe. Rafael relembra do tempo em que sua mãe brincava bastante com os filhos e novamente melancólico, diz: "*Se a gente compara aquele tempo com o de hoje, a diferença é muito grande*".

Voltou ao assunto das namoradas para contar-me que já ficou apaixonado por moças mais velhas que ele; certa vez, uma moça de vinte e um anos se apaixonou loucamente por ele. Rafael encadeia: "*Minha mãe não se entende bem com meu padrasto. Os casamentos sempre acabam mal. Jamais me casarei*". Sem dúvida, as experiências edípicas, revividas na adolescência, reacendiam carências afetivas mais precoces.

Ao terminarmos a terceira entrevista, eu estava convencida de que o trabalho realizado com Rafael precisava contar com a ajuda do seu meio familiar. Segundo Winnicott, as necessidades que representam resíduos da primeira infância apresentam aos pais e educadores problemas que eles próprios podem tratar. Neste sentido, diz que a família média está todo o tempo impedindo e ajeitando os distúrbios em um ou outro filho, geralmente sem a ajuda de um profissional.

Winnicott alerta os psicoterapeutas contra o erro que seria usurpar o funcionamento familiar total, embora reconheça que, muitas vezes, este funcionamento esteja fadado ao fracasso por causa de alguma falha que lhe é inerente, como, por exemplo, quando os pais são muito doentes. Em minha experiência com *consultas terapêuticas*, provei desta desventura.

Para Winnicott, o objetivo do terapeuta é capacitar a criança a fazer uso daquilo que a família pode, na realidade, fazer melhor e de modo mais econômico do que qualquer outra pessoa, a saber, "o cuidado mental global até que a recuperação tenha se dado"[2].

Eu sabia que o fato de D. Daisy não ter cuidado do filho durante a infância não a desqualificava para fazê-lo no momento em que, sensível aos problemas dele, procura a ajuda de um profissional.

Perguntei a Rafael se queria trazer sua mãe para uma conversa a três. Ele concordou, e as duas vezes em que nos encontramos os três, essas conversas foram de grande importância, e não apenas para compreender e ajudar Rafael, como veremos em seguida.

[2] Cf. Winnicott (1965a) "O conceito de trauma em relação ao desenvolvimento do indivíduo dentro da família".

Entrevistas com a participação da mãe

D. Daisy é uma mulher grande, corpulenta e muito vistosa. Está casada com um português, proprietário da lavanderia na qual trabalhava como funcionária. Logo que nos instalamos na sala de consultas, começa a se queixar do filho. Diz que ele "teve um desenvolvimento preguiçoso, atualmente não fala, mostrando-se sempre de mau humor. Na escola, vai mal; menos em inglês, porque adora música internacional. É um rapaz difícil, sempre querendo fugir das situações". Rafael escuta a mãe sem interferir no seu discurso.

Pedi-lhe que me contasse a história de seu filho. Conta que Rafael nasceu de um parto difícil. Pouco depois do parto, D. Daisy teve de operar os seios duas vezes devido à formação de abscessos. "O primeiro contato não funcionou", diz a mãe, acrescentando que Rafael já tinha cinco meses quando ela o segurou pela primeira vez no colo.

As informações da mãe completam e corrigem o relato de Rafael. Ela conta que até os oito anos de idade ele foi cuidado pela avó materna. Aos nove anos, Rafael não brincava, vivia solitário e dizia sempre que estava com sono, o que levou a mãe a procurar um psicólogo.

Sem fazer qualquer relação entre o comportamento de Rafael e a mudança da avó para o sul, D. Daisy dá a dimensão das consequências do trauma sofrido pelo filho com esta separação, ao mesmo tempo em que mostra sua capacidade, naquele momento, para perceber que ele precisava de ajuda.

Ela diz que seu atual marido é um homem rude, reservado, mas não bate nas crianças e se preocupa demais com os estudos deles. Diante do fracasso escolar de Rafael, tirou-lhe a mesada e lhe proibiu sair à noite.

Pedi-lhe que me falasse mais da infância de Rafael. Ele não foi um filho desejado, diz a mãe. Grávida antes do casamento, D. Daisy fez várias tentativas de aborto. Durante toda a gravidez, ela e o pai de Rafael brigavam demais. Por vezes, havia agressões corporais e, uma vez, ela chegou a feri-lo depois de apanhar dele. Com medo das consequências de sua própria violência, D. Daisy tentou suicidar-se. Por não terem feito uma lavagem de seu estômago, passou a acreditar que o veneno tinha permanecido em sua barriga. "No útero, diz a mãe, Rafael parecia sentir tudo o que me acontecia".

Durante os cinco primeiros anos do casamento, os pais de Rafael separaram-se oito vezes; a consequência disso, segundo a mãe, é que seu filho entrava em pânico quando via duas pessoas se beijarem. D. Daisy deixa perceber que, embora sob os cuidados da avó, Rafael não estava livre de assistir às brigas dos pais.

Ainda segundo D. Daisy, o pai de Rafael não assumia responsabilidade alguma e deixava sua família à míngua. Com frequência, ele ameaçava ir embora, levando consigo os filhos para entregá-los à avó paterna, uma vez que esta desfrutava de situação econômica mais estável. "Eu não queria perder meus filhos; para não perdê-los, seria capaz de matá-lo", diz, com veemência, referindo-se ao marido. No dia em que ele encontrou outra mulher, disse-lhe: "Os meninos? Trate de se virar com eles".

Rafael escutava tudo em silêncio.

A história de meu paciente – filho não desejado, não cuidado pela mãe e abandonado pelo pai – fez-me compreender a intensidade do seu sentimento de ter sido ultrajado. Rafael não apenas queria ser aceito pelo que é, mas ser aceito desde o início.

Naquele momento da entrevista, D. Daisy se mostra muito emocionada; sente-se culpada por ter se casado de novo e dá suas justificativas: queria oferecer às crianças um lar, um pai e melhores condições materiais.

Mostra-se desejosa e capaz de oferecer a Rafael um novo ambiente; um ambiente propício à retomada do desenvolvimento dele. Pergunta-me se eles podem contar com minha ajuda. Ofereci-lhe mais um encontro.

Uma semana depois, D. Daisy volta ao ambulatório com Rafael para me informar sobre o que chama a "*evolução da nossa relação*". Diz que, pela primeira vez, puderam falar com toda a franqueza. Agora, sabe que ele gosta de música e de esportes. Ele terá seu violão e vai poder competir na natação. D. Daisy diz ainda que passou a entender o silêncio do filho. Procedendo assim, ele procurava não aumentar ainda mais os mal-entendidos entre ela e seu atual marido. De fato, acrescenta, ela se colocava do lado do padrasto de Rafael, não dando nenhum apoio aos filhos. Descobriu, porém, que pode contar com Rafael como um amigo.

Falou também de seu relacionamento conjugal. Seu marido já não se importa mais com ela. "É como se eu fosse sua governanta. Ele não me leva mais à praia, ao futebol, nem aos bailes, como fazia antes. E me repudia sexualmente, xingando-me de baleia e de hipopótamo".

Ao terminarmos a entrevista, D. Daisy mostrou-se agradecida dizendo que, graças a Deus e a mim, começara a compreender que muitas coisas precisavam ser mudadas em sua vida. Informei-lhes que a médica responsável pelo Serviço poderia atendê-los, caso sentissem necessidade de ajuda. Rafael sabia que minha passagem pelo Serviço seria limitada ao tempo necessário à minha pesquisa com *consultas terapêuticas*.

A história de Rafael deixa perceber a frequência e a intensidade dos traumas por ele vividos. A cada período, novos traumas se acumulavam. Face às carências ambientais, utiliza o retraimento como organização defensiva; através do isolamento, seu *self* protetor procura livrar seu verdadeiro *self* de novas invasões, mantendo a salvo o núcleo pessoal e incomunicável de sua personalidade, fonte do sentimento de autenticidade.

A mãe de Rafael, ao procurar pela segunda vez ajuda profissional, demonstrou sensibilidade ao sofrimento do filho. Objeto de cuidado materno, Rafael experimentou, nas consultas, uma relação de confiança que lhe possibilitou passar da atitude de retraimento a de regressão. Pôde, então, relembrar-se de inúmeras situações traumáticas, atualizá-las durante as entrevistas, e experimentar a raiva não expressa no passado.

A reconstrução da história de Rafael, nas entrevistas com a participação de D. Daisy, deu sentido ao forte sentimento de ultraje que tanto o fazia sofrer.

Quanto a D. Daisy, vale a pena lembrar a noção de *trauma cumulativo*. Em "O conceito de trauma cumulativo" (1977), Masud Khan, ao se referir ao papel da mãe como barreira protetora de seu filho, afirma:

> O *trauma cumulativo* resulta das fendas observadas no papel da mãe como escudo protetor durante todo o curso de desenvolvimento da criança, desde a primeira infância até a adolescência, isto é, em todas as áreas de experiência onde a criança precisa de sua mãe como de um ego auxiliar para sustentar suas funções do ego ainda instável. (p. 62)

Considerando-se incapaz de cuidar do filho, D. Daisy entregou-o aos cuidados da avó, tentando talvez protegê-lo de novas situações traumáticas, pois as primeiras ele as teria vivido ainda no seu útero.

Embora considere que a mãe é a pessoa mais apropriada para cuidar de seu filho, Winnicott diz:

> Ao examinarmos os fatores que levam à integração e ao assentamento da psique no corpo, encontramos um que tem a ver com o meio ambiente e os cuidados físicos em geral, realizados como uma expressão de amor. É nesse ponto que a técnica se mostra mais importante que o

> relacionamento pessoal, fazendo com que, nesse aspecto, a contribuição pessoal da mãe seja menos indispensável. Em outras palavras, se a técnica do cuidado infantil é boa, não é tão importante saber quem a está empregando. Por outro lado, é necessário ter em mente que a vivência de técnicas variadas leva o bebê a uma situação de confusão. (Winnicott, 1988, p. 177)

Os cuidados da avó de Rafael, e mais tarde os de D. Daisy, remediaram os danos causados pelos fracassos ambientais, livrando Rafael de graves perturbações mentais. Um estado de retraimento defensivo, entretanto, sempre se anunciava em períodos críticos do seu desenvolvimento. Diríamos que ele viveu suficientes experiências de boas adaptações do meio e que estas lhe deram a possibilidade de fazer um bom uso das *consultas terapêuticas*.

Para finalizar, diria que as consultas com Rafael ilustram o que Claude Geets, em seu livro *Winnicott* (1981), chama de *dupla terapia*. Não é raro que as mães tomem consciência de suas próprias dificuldades a partir do momento em que se empenham no tratamento de seus filhos. Trata-se de uma imbricação entre o trabalho realizado nas consultas e o papel dos pais. Essa técnica apoia-se na ajuda dos pais, ao mesmo tempo em que pode exercer sobre eles uma importante ação terapêutica.

2.

A EXPERIÊNCIA DO SONHO NA CLÍNICA WINNICOTTIANA

Há algumas décadas, os psicanalistas vêm deixando de preocupar-se apenas com o sentido do sonho: sentido oculto a ser desvendado. O sonho deixou de ter sua maior importância como veículo do material inconsciente. O material diurno e as lembranças de acontecimentos reais que participam da formação do sonho adquiriram novo significado.

A estereotipia das interpretações do sonho carregadas de referências simbólicas, particularmente do simbolismo sexual corrente em psicanálise, foi denunciada por levar com frequência à sujeição do paciente e ao reforço de um falso *self*.

Por outro lado, o valor terapêutico do sonho em si, isto é, independente da sua interpretação pelo analista, foi enfatizado por aqueles que vêm na capacidade de sonhar, rememorar e contar o sonho um fator propiciador de integração do material onírico à experiência pessoal do indivíduo, isto é, ao seu *self*.

Falo, particularmente, da teoria do sonho proposta por Winnicott e dos desenvolvimentos dados a essa teoria por Masud Khan.

A teoria do sonho em Winnicott

Em 1971, ao publicar seu artigo "Sonhar, fantasiar e viver: uma história clínica que descreve uma dissociação primária", Winnicott aponta sutis diferenças entre três variedades da vida fantasmática: o sonho, a imaginação e algo da ordem do devaneio ou sonho diurno, chamado por ele de *fantasying*. Para o autor, o sonho e a imaginação estão do mesmo lado e em oposição ao devaneio.

Sonho e devaneio

Segundo Winnicott, quando sonhamos vivemos realmente, e nos relacionamos com objetos reais. As emoções, as alegrias, as tristezas e os temores são, no sonho, vividos com grande intensidade, o que não ocorre no devaneio, uma atividade estática e repetitiva. Segundo o autor, dessa perspectiva, podemos viver mais intensamente quando estamos dormindo do que quando estamos acordados.

A distinção entre o sonho e o devaneio não pode ser captada unicamente pela descrição verbal que o paciente faz de um e do outro. Na base da diferença estão os mecanismos que lhes são subjacentes, e um deles é o recalque.

Lembra Winnicott que boa parte do sonho, por ter significação simbólica, pode ser submetida ao recalque, tal como ocorre com todos os sentimentos que levam a experiências. O sonho integra elementos da vida real com elementos do mundo interno pessoal. Os recém-nascidos e os psicóticos, não tendo bem estabelecida a diferença entre o interno e o externo, o dentro e o fora, não são capazes de recalcar, e portanto, não podem sonhar.

Na origem do devaneio, encontram-se, não recalques, mas dissociações; fenômenos isolados que não participam nem do sonho nem da vida. O mecanismo de *dissociação* não é construtivo. Ele é repetitivo, absorve energia e reduz as possibilidades de ação e de criação no mundo compartilhado. Na dissociação tudo é possível, a experiência de onipotência é mantida, não dando lugar à verdadeira criatividade.

Existe onipotência no sonho, mas não do mesmo tipo que existe no devaneio. No sonho, trata-se da *experiência de onipotência* que teve seu início na criatividade primária, quando o bebê não era capaz de diferenciar o "eu" do "não eu"; uma onipotência que se apresentará mais tarde como subjetividade pessoal e dará lugar ao agir criativo.

Ao contrário, a onipotência no devaneio é um estado defensivo que supõe o desespero de sentir-se dependente; nesse sentido, ela é a negação da dependência. Esse tipo de onipotência não cria os objetos, ela os controla. Segundo Winnicott, se o analista procurar, ele encontrará sempre certo grau de dissociação no devaneio do paciente.

Imaginação e devaneio

Winnicott apresenta, também, a diferença sutil que existe entre a imaginação e o devaneio. Essa diferenciação também escapa, muitas vezes, ao registro verbal da comunicação do paciente.

Enquanto na *imaginação* existem projetos reais que comportam um programa de ação, no devaneio tudo se passa imediatamente, na medida em que, na verdade, nada acontece de fato. No artigo citado, a diferença entre devaneio, sonho e imaginação é ilustrada por Winnicott por meio do relato de duas sessões de uma de suas clientes.

Caso clínico III (D. W. Winnicott)

Trata-se de uma mulher de meia-idade que alternava momentos de saúde com outros em que se mostrava bastante enferma. Com frequência, sentia-se tomada pela sensação de que não existia plenamente ou, nas palavras de Winnicott (habitante de uma ilha), de que *esteve sempre perdendo o barco*.

Diz Winnicott que, sentada em seu quarto, apenas respirando, ela podia, na sua fantasia, pintar um quadro, fazer coisas interessantes em seu trabalho ou passear no campo. Para o observador, nada se passava, pois no estado de dissociação em que ela se encontrava, nada podia, de fato, acontecer. Temos aí o devaneio.

Ela podia também, sentada em seu quarto, pensar no trabalho do dia seguinte, fazer projetos, pensar em suas férias. Nesse caso, temos um tipo de exploração imaginária do mundo e do lugar onde o sonho e a vida são a mesma coisa.

A paciente apresentava uma dissociação primária entre o mundo da realidade objetiva e o mundo da subjetividade. Diz Winnicott que a causa desse tipo de dissociação é, em geral, bastante complexa. No caso daquela paciente, tudo teria começado quando houve uma tentativa por parte do ambiente de "curá-la" do hábito de chupar o dedo.

Dois outros acontecimentos traumáticos, vividos na infância, são também apontados pelo autor:

a. uma mudança brusca do comportamento da mãe, que passou de muito satisfatório no atendimento às necessidades da filha a gerador de desilusão e de desesperança;
b. um fracasso do pai que, tendo até certo ponto compensado a falha materna, não se mostrou capaz de perceber a filha na sua totalidade, isto é, como uma criança detentora, não só de um potencial feminino, mas também de um potencial masculino. O pai percebia a capacidade da filha para ser ela mesma, o que se manifestava em seu agir espontâneo, mas desconhecia a capacidade dela para um fazer criativo, ou seja, faltava ao pai o reconhecimento, nela, de uma capacidade criativa.

Conta Winnicott que os primórdios do padrão de funcionamento mental da paciente poderiam ser descritos como de uma pessoa que, sendo a mais nova de uma prole numerosa, descobre-se num mundo já organizado. As brincadeiras para ela não eram satisfatórias porque estava sempre representando o papel que lhe era dado pelas crianças mais velhas. Embora fosse muito inteligente, tanto do seu ponto de vista como do ponto de vista das demais crianças, ela não dava grandes contribuições ao grupo. Na impossibilidade de cooperar criativamente, permanecia defensivamente dissociada. Refugiava-se no seu devaneio, enquanto participava de modo submisso conforme o que lhe fosse determinado pelos companheiros da brincadeira.

Embora a dissociação entre a realidade e a fantasia nunca tivesse sido completa, sentia, quando estava na escola, e mais tarde, no trabalho, que uma parte dissociada de si mesma levava uma vida separada. Na verdade, explica Winnicott, ela vivia quando nada fazia, o que era disfarçado por meio da compulsão por fumar e da prática de jogos de baralho tediosos, do tipo jogo de paciência.

Por longos períodos, sua defesa foi devanear mesmo tendo que pagar, por essa proteção de si mesma, um preço muito alto: ressentimentos e desesperos acompanhados de risco real de suicídio.

A paciente possuía grande potencial para diferentes tipos de autoexpressão artística. Gozava de boa saúde e mostrava-se promissora, deixando a todos que a conheciam a impressão de que realizaria algo importante ou, pelo menos, encontraria, um dia, o prazer de viver.

Separada, porém, da parte de si mesma que entraria em contato com a realidade, quando começa a se dedicar à leitura e à pintura sentia o limite de sua onipotência como algo extremamente frustrante. Faltava-lhe o fazer criativo que, como nos ensinou Winnicott, pressupõe integração entre subjetividade e objetividade.

Ao mesmo tempo em que se desapontava consigo mesma, percebia a decepção das pessoas que nutriam esperanças a seu respeito. Tudo isso era motivo de profunda tristeza e mágoa.

Explica Winnicott que os modos empregados pela paciente para reunir as duas partes de sua personalidade, isto é, os *elementos femininos e masculinos*, continham sempre algum tipo de protesto, o que acarretava conflito com a sociedade. Vale lembrar que, para Winnicott, a criatividade pressupõe um fazer (elemento masculino – agir e deixar que ajam sobre si) baseado no ser (elemento feminino – o sentimento de ser).

Segundo o autor, *princípio de realidade* não é uma boa expressão para falar dessa paciente. Não se tratava da negação da realidade necessária à manutenção do prazer. Na verdade, tratava-se de uma dissociação entre a subjetividade e a objetividade, dissociação que se constituíra como um dado da estrutura de sua personalidade.

Winnicott relata quatro sessões com a paciente. Nas duas primeiras, ela conta um sonho de conteúdo edipiano. No primeiro deles, a mãe privava-a de seus próprios filhos. Conta Winnicott que, transcorrida hora e meia dessa sessão, o relato do sonho, até então desprovido de emoção, dá lugar a expressões de ódio intenso em relação à mãe. No segundo sonho, a paciente aponta para o pai de seus filhos como um tipo de homem que não servia para nada. Na vida real, não tinha filhos e, como ela mesma dissera a seu analista, só pensava neles sob a forma de como evitá-los.

Winnicott preferiu não interpretar o complexo de Édipo, evitando assim interromper o curso da regressão que se iniciava na paciente. Além do que, para ele, as experiências revividas na análise (no caso, experiências edípicas conflitivas) têm valor curativo independentemente da interpretação dada pelo analista.

As duas sessões seguintes ocorreram em momento avançado da análise quando a paciente começara a expressar para o analista sua percepção da diferença entre devanear, sonhar e viver de fato. Com a ajuda do analista, começa a descobrir o quanto sua vida fora perturbada por algo da natureza do devaneio.

Na primeira sessão, dessa etapa, que teve duas horas de duração, a paciente diz a Winnicott: *Você falava sobre a maneira pela qual o devaneio interfere no sonhar. Esta noite, acordei-me à meia-noite. Eu me lançava com furor sobre o molde de um vestido que cortava febrilmente. Fazia tudo e nada ao mesmo tempo e estava exasperada. Isso é um sonho ou um devaneio? Dei-me conta do que me acontecia, mas naquele momento estava acordada.*

Winnicott responde, simplesmente: *Não sabemos, não é mesmo?* Sua resposta corresponde ao que ele, de fato, sentia no momento, isto é, que a pergunta dela se situava no limite de qualquer tentativa de diferenciação entre devanear e sonhar.

Em seguida, analista e paciente abordam o aspecto pouco construtivo e prejudicial do devaneio e concluem que se excitar por meio do devaneio impedia a paciente de agir na vida real, fazendo-a sentir-se doente.

Ela conta, então, que, enquanto joga paciência liga o rádio para ouvir palestras. Winnicott dá um significado positivo ao fato. Vendo nesse tipo de funcionamento mental uma tentativa de integração, Winnicott sugere que a experiência de fazer duas coisas ao mesmo tempo lhe dava, em certa medida, o sentimento de que, nesse agir duplo, poderia haver, pelo menos, uma diminuição da dissociação.

A paciente dá um exemplo de dissociação que acabara de acontecer na sessão: enquanto falava com Winnicott, havia se desligado da análise, passando a abrir e fechar o zíper de sua bolsa ao mesmo tempo em que pensava: *por que ele* (o zíper) *está nesta extremidade? Como era difícil fazê-lo voltar!* Aquela atividade dissociada tinha passado a ser mais importante para ela do que escutar o analista.

Winnicott não interpreta esse momento de retraimento da paciente. Ele sabia que, muitas vezes, um tipo especial de retraimento antecede a regressão[1] (fenômeno curativo e esperado na análise).

Em *Notas sobre retraimento e regressão* (1965b), Winnicott afirmara que, ao se retrair, o paciente fornece um *holding* para o *self*. Se o analista consegue fornecer um *holding* para o paciente, a regressão surge no lugar do retraimento. O importante, nesse momento, foi a não interpretação por parte do analista.

Em seguida ao momento de retraimento da paciente, Winnicott tenta, juntamente com ela, estabelecer relações entre sonhar e devanear. Para ele, ela teria sonhado que cortava um vestido mas, quando desperta, seu sonho havia continuado na forma de um devaneio.

Nesse momento, a paciente tem uma espécie de intuição e diz a Winnicott que, com seu devaneio, na verdade estaria

[1] Cf. Winnicott, D. W. (1965) Notas sobre retraimento e regressão. In: *Textos selecionados: da pediatria à psicanálise* (Rio de Janeiro: Francisco Alves, 1982).

querendo dizer-lhe: *isso é o que você pensa*, ou seja, estaria lhe dizendo que sua interpretação era uma tolice. Winnicott toma esta fala da paciente como um protesto transferencial contra experiências infantis em que não podia discordar do que lhe era proposto. Enquanto o analista fala, a paciente sentia-se à parte, tal como ocorria quando brincava com os irmãos.

A paciente volta a desconectar-se na sessão e diz a Winnicott que estava falando com ele, mas já o deixara novamente. Encontrava-se, mentalmente, em seu ambiente de trabalho e era neste que pensava. Experimentava, então, a sensação de não poder permanecer em sua própria pele. Ela deixa ainda entender que o tipo de envolvimento de seu corpo, no devaneio, produz grande tensão, e como nesse estado nada acontecia de fato, sentia-se candidata a uma oclusão coronária, alta da pressão arterial, ou gastrite, mal do qual já padecera.

Segundo Winnicott, ela se queixava da ausência de um *clímax psicossomático*, ou seja, daquilo que, em outros textos, ele chama de *orgasmo do ego*, em oposição a *orgasmo do id*, um clímax relativo a experiências eróticas.

A paciente expressa sua vontade de encontrar algo que a fizesse realizar coisas, utilizar todos os minutos em que está desperta e poder dizer: *É agora e não amanhã*. Conta que tentara organizar (mentalmente) o fim de semana, mas se sentia incapaz de distinguir entre o tipo de fantasia que paralisa a ação e o planejamento real, que é uma antecipação da ação. Com muita aflição, percebe que a paralisação da ação leva-a a negligenciar o meio ambiente imediato.

Analista e paciente voltam a falar do sonho de estar cortando um vestido. Ela continua com sua questão: como poderia saber se tinha tido um sonho ou devaneara? Sente que o devaneio a possuía como um espírito mau e exprime sua necessidade de poder possuir-se a si mesma, de possuir, de controlar. Nesse momento, é tomada por uma compreensão intensa da diferença entre devanear e sonhar. Explica que, ao devanear na sessão, estaria dizendo a Winnicott: *Você pensa que posso sonhar. Pois bem, está enganado!*

Winnicott percebe então, pela primeira vez, que podia formular a diferença entre sonhar e devanear no contexto daquela análise. Com a colaboração da paciente, mostra-lhe que, como devaneio, não havia no seu relato de cortar o molde do vestido nenhum valor simbólico. Tratava-se apenas de cortar um vestido. Já um sonho de cortar o molde de um vestido teria um valor simbólico. Nesse caso, explica Winnicott, a palavra-chave é *amorfia*, ou seja, o tecido antes de ser moldado, cortado, ajeitado e agrupado para formar um vestido, tal como a paciente se sentia quando brincava com os irmãos, tendo que desempenhar um papel por eles determinado.

Sabemos que, para Winnicott, o estado inicial de não integração pode ser reexperimentado em momentos de grande confiabilidade no meio ambiente. Foi o que aconteceu com a paciente naquela sessão. O sonho de cortar o molde poderia ser um comentário da paciente sobre sua própria personalidade – seu *self* não integrado como o tecido antes de ser moldado e em seguida um *self* que, como o tecido, teria sido "formatado", moldado pelo ambiente.

Segundo Winnicott, a experiência de amorfia, experimentada no *setting* analítico, indica que a paciente passou a ter confiança na capacidade do analista de neutralizar tudo o que ela trazia de sua infância. Ela começa a ter esperança de que algo poderia sair, espontaneamente, desse estado informe. Ao perceber, porém, não ter existido em sua infância alguém capaz de compreender que devia começar pela amorfia, ela é tomada de uma grande raiva. Winnicott contava, certamente, com esta reação da paciente, pois sabia que a experiência e a compreensão da falha ambiental original produzem alívio, mas logo é seguida de cólera.

Temos aqui o que Winnicott chama *de descongelamento da situação traumática*: face às carências do meio ambiente, o indivíduo desenvolve um falso *self* que, congelando a situação precoce, protege o verdadeiro *self*. Desde que um novo ambiente ofereça confiabilidade, ele pode descongelar e reviver a situação traumática.

As experiências clínicas de Winnicott lhe ensinaram que, enquanto uma situação traumática, vivida originalmente de maneira passiva, é desintegradora e aniquiladora do *self*, a experiência do trauma, atualizada em um *setting* analítico confiável, leva à integração dos elementos dissociados da personalidade.

Em sua conclusão sobre essa sessão, Winnicott nos alerta para mais um dado de grande importância na clínica ao afirmar: "Se algum resultado terapêutico proveio desta sessão, derivou-se, principalmente, do ponto de intensa ira a que chegou a paciente, ira a respeito de algo; não insana, mas com motivação lógica" (1971b, p 55).

> A segunda sessão, também de duas horas, ocorreu no dia seguinte. A palavra-chave desta sessão, segundo a paciente, era *identidade*.

Ela comparece com um vestido que havia conseguido costurar. Conta que, em casa, fizera muitas coisas, do tipo limpeza de lugares abandonados há meses e outros trabalhos construtivos. Sente muita satisfação, mas teme uma perda de identidade como se tudo que fizera não passasse de uma brincadeira de fazer progresso para o bem do analista, segundo o padrão por ele estabelecido. Winnicott aponta aí uma experiência comum aos adolescentes que, em face de suas realizações, também temem fazer determinadas coisas apenas para satisfazer os pais.

Nesse dia, fazia calor e a paciente adormeceu por dez minutos. Ao despertar, sente o sono como um fracasso por não ter sonhado. Acredita que teria adormecido para sonhar para o analista.

Winnicott deixa entender que percebera o sono dela como expressão de descontração em um ambiente confiável. Em vez de endossar a interpretação da cliente, diz-lhe que ela dormira porque quisera e não para agradar o analista. Essas palavras fazem a paciente achar que o sono lhe fizera bem e a faz sentir-se muito mais real.

Sabendo do interesse dela por poesia, Winnicott lhe diz que, enquanto o devaneio não tem valor poético, um sonho equivalente tem poesia em si. Explica-lhe que o sonho tem camadas de significados relacionados ao passado, ao presente e ao futuro, ao interior e ao exterior e sempre a respeito dela própria. O devaneio, por não ter poesia, não pode ser interpretado.

A paciente faz nessa sessão a experiência de falar de alguns projetos sem se perder no devaneio. Winnicott procura não se mostrar excessivamente contente com as mudanças relatadas, pois, caso contrário, poderia fazê-la sentir, novamente, que tinha sido modelada por ele.

No final da sessão, emocionada por perceber que a saúde está a seu alcance, diz: "*Poderia tornar-me capaz de tomar conta de mim. Ficar sob controle, utilizar a imaginação com moderação*". Ela reluta, no entanto, em ir embora.

Diz-nos Winnicott que sua relutância já não expressava, como antes, a tristeza por deixar a única pessoa com quem podia examinar as coisas. Seu receio provinha do fato de sentir-se menos rigidamente fixada numa organização defensiva. Ela se ressente de não poder mais predizer tudo o que lhe aconteceria; não sabia se ia para casa, se faria algo que desejasse ou se o jogo de paciência a possuiria. Na verdade, sentia falta do padrão da doença, e uma grande ansiedade devida à incerteza que acompanha a liberdade de escolha.

Não só ela estava receosa. Winnicott confessa que permanecia bem ciente do grande perigo de tornar-se confiante ou até mesmo satisfeito com os resultados daquela sessão. Para ele, mais do que em qualquer outra parte do tratamento, a neutralidade do analista tornava-se necessária naquele momento. Nesse tipo de trabalho, afirma, sabemos que estamos sempre começando de novo e será melhor não esperarmos muito.

Para Winnicott, o adoecimento, como acontecimento regressivo, é o lugar onde o indivíduo pode reencontrar o verdadeiro *self*, isto é, sua singularidade e sua espontaneidade perdidas. Nesse sentido, a enfermidade dos pacientes constitui a expressão de elementos sadios em sua personalidade.

A teoria do sonho em Masud Khan

Masud Khan, analista de origem indiana com formação psicanalítica na Sociedade Britânica de Psicanálise e considerado herdeiro do pensamento de Winnicott, escreveu certo número de artigos sobre o sonho.

Em *The privacy of the self*[2], uma coletânea de artigos, ele fala do *bom sonho, dos processos ou trabalho do sonho, do espaço do sonho, do texto do sonho e da experiência do sonho*, como veremos em seguida.

Em A *psicologia do sonho e a evolução da situação analítica* (1962), lembra Khan que grande parte de nossa literatura, mitos, costumes sociais, rituais e descobertas intelectuais têm base na capacidade de sonhar ou dela procedem.

Considerando que sonhar é o protótipo de toda a criatividade psíquica do ser humano adulto, Khan aponta alguns aspectos característicos da situação intrapsíquica durante o sono, que permitem a materialização de um "sonho bom".

[2] Livro não traduzido para o português sendo utilizada, neste trabalho, a versão francesa: *Le soi caché*.

1. Ambiência física segura, onde o ego possa afastar confiante suas catexias do mundo exterior e reforçar o desejo de dormir.
2. Estado de plena confiança no ego, de que esse mundo exterior estará lá quando ele retornar após satisfazer o desejo de dormir.
3. Capacidade do ego de ficar em contato com o desejo de dormir.
4. Fonte de perturbação interna inconsciente, que é a força motriz do sonho e que se articula por meio do trabalho do sonho.
5. Disponibilidade para o ego de resíduos diurnos para estruturação formal do latente "desejo de sonhar".
6. Capacidade para suportar o processo regressivo no aparato psíquico; afastando-se da motilidade para a alucinação.
7. Confiança nos processos integradores do ego. Essa confiança pressupõe que os primeiros estados da integração psique-soma do ego nascente tenham sido firmemente estabelecidos.
8. Capacidade narcísica do ego para obter satisfação do mundo do sonho, em vez do puro e simples narcisismo do sono ou da concreta satisfação da realidade.
9. Capacidade do ego para simbolização e trabalho do sonho, no qual se mantém suficiente contracatexia contra o processo primário, para que o sonho se transforme em experiência de comunicação intrapsíquica.

10. Capacidade de afastamento benigno dos elementos primitivos e sádicos do superego, de forma que permita o relaxamento da barreira repressora.
11. Capacidade de receptividade e entrega do ego aos desejos do id, com equivalente confiança de que é capaz de "resistir" ao seu fluxo caótico e exagerado.
12. Unidade de experiência tempo-espaço digna de confiança, em que todos esses requisitos possam ser executados e repetidos a intervalos bastante previsíveis.
13. Disponibilidade para o ego de suficiente energia neutralizada, afim de que ela seja capaz de controlar e harmonizar as interferências provocadas pelo impulso do id, tanto libidinais quanto agressivas.
14. Capacidade para reter uma "pós-imagem" do sonho em estado de vigília, caso seja necessário.

Em um estado psíquico que responda a essas condições, o indivíduo poderá fazer um "bom sonho".

No texto citado, Khan propõe o conceito de "sonho bom": *o sonho que incorpora, por meio de um trabalho do sonho bem sucedido, um desejo inconsciente e assim pode, por um lado, permitir o prosseguimento do sono e, por outro lado, permanecer disponível à experiência do ego, depois que a pessoa acorda* (1975, p. 60). Nessa condição, o sono pode ser mantido e o sonho fica ao alcance do ego para a experiência psíquica quando o sonhador acordar.

Afirma ainda Khan que os sonhos, que seriam considerados por ele como uma defesa contra recordações ou fantasias dolorosas, passaram a ser avaliados por meio uma nova abordagem que, em sua opinião, mostrou-se, clinicamente, muito útil. Na opinião do autor, é tão importante, no trabalho analítico, buscar o significado do sonho sonhado e contado, quanto buscar o que significou, para o paciente, a experiência do sonho enquanto uma coisa em si.

A capacidade de ter um "bom sonho" é uma precondição da saúde psíquica, mas não é sua garantia. Ela dá a medida da capacidade psíquica de um indivíduo e mostra o aumento que o sonho pode dar à força do ego (p. 60).

O autor refere dois tipos de *experiência* do sonhador:

1. a *incapacidade de utilização dos processos simbólicos* necessários à formação do sonho;
2. a experiência do *espaço do sonho*, lugar onde o sonho se atualiza.

Processos do sonho

Diz Khan que o *trabalho do sonho* (entendido como os processos envolvidos na formação do sonho: condensação e deslocamento) estabelece ao mesmo tempo uma ponte e opera uma *transmutação* entre a *experiência do sonho e o texto ou relato do sonho* e explica que utiliza a palavra, "transmutação", de maneira intencional porque, se o *trabalho do sonho* dá forma a determinados elementos, também torna mudos outros elementos.

Cabe, pois, ao analista ajudar o indivíduo a trazer à luz alguns desses elementos silenciados e ajudá-lo também a assimilá-los por meio do espaço potencial da transferência e do enquadre analítico, a fim de que o sonho e o sonhador consigam chegar a um acordo mútuo.

A incapacidade de utilização dos processos simbólicos compreendidos na formação do sonho é ilustrada por um caso clínico.

Caso clínico IV (Masud Khan)

Um jovem paciente relatou seu primeiro sonho nos primeiros meses de análise quando, em suas recordações e em sua transferência, estava absorvido pelas experiências traumáticas infantis; um sonho longo, complexo, cheio de detalhes bizarros. Utilizou grande parte da sessão relatando seu sonho e em seguida constatou: "*Só pude contar-lhe uma parte do sonho; sonhei a noite inteira; tudo que se passava no sonho, todos os detalhes eram muito vivos*".

O paciente calou-se, e Khan, entendendo que ele esperava uma palavra sua, disse-lhe: "*Tenho a impressão de que você não conseguiu ter um sonho que emergisse do trabalho que fazemos juntos nesses últimos tempos e que, no lugar do sonho, você pôs essa mistura de imagens absurdas. Chego a perguntar-me se você dormiu de fato, na noite passada*".

O paciente mostra-se muito surpreso e diz, com certo embaraço, que desde a puberdade tinha sonhos desse tipo, sonhos que lhe deixavam sempre a impressão de despersonalização e de grande cansaço. Ele acrescenta que, após o sonho, teve o sentimento de não ter dormido, mas de ter sido levado para um mundo macabro que ele fazia girar, compulsivamente, acrescentando, nesse mundo, complexidades e episódios suplementares sem que isso o levasse a parte alguma. "*Em várias ocasiões, quis falar-lhe desses sonhos, mas, logo que chegava à sessão, perdia o contato com eles*", diz o paciente.

Considera Khan que, se tivesse pedido ao paciente que associasse a partir de qualquer elemento do sonho, ele teria respondido por meio de um material abundante, passível de interpretações muito significativas. Foi, porém, o sonho inteiro que lhe chamou a atenção, parecendo-lhe um acontecimento psíquico dotado de sentido que interrompia o curso da análise.

Juntos, paciente e analista puderam explorar uma dissociação muito secreta e específica, presente no paciente. A dissociação era por este considerada responsável pelo sentimento de ausência de empatia com o que lia, via na televisão ou escutava dos amigos. O paciente diz que não precisa dormir para ter esse tipo de sonho. Bastava sentir-se ligeiramente despersonalizado por cansaço ou tensão. Ele tem consciência dos efeitos desastrosos de tudo isso sobre seu pensamento, sua implicação com os outros e sobre a vida real. Mesmo em grupos sociais, fugia nesse devaneio e os amigos constatavam, com frequência, que ele adormecia ao mesmo tempo em que os escutava.

A falta, em seu paciente, de qualquer elemento sexual e de excitação durante esse tipo de funcionamento mental, fez com que Khan descartasse qualquer interpretação no sentido de utilização do sonho como uma variante de fantasias masturbatórias. Para ele, tratava-se de uma coisa em si, uma estrutura intrapsíquica muito organizada, que usurpava a função de um sonho, de uma fantasia real ou mesmo de um pensamento criativo.

O paciente começa, na análise, a lembrar-se de que, em sua infância, tinha pesadelos terríveis, que só com a aproximação da puberdade desapareceram; não se recordava, porém, do conteúdo dos pesadelos.

A partir do sonho relatado, ele começa a ser capaz de falar dos acontecimentos terríveis ocorridos em sua infância. Era filho único. O pai, um brilhante homem nos negócios, era alcoólatra. O paciente foi testemunha de numerosas cenas, feitas pelo pai em estado de embriaguez, que levavam a mãe a refugiar-se no quarto do filho. O paciente tinha dois anos quando os pais se separaram, tendo ele ficado com a mãe.

Segundo Khan, os traumatismos sofridos na infância interferiram na capacidade de utilização de sonhos que visassem à realização do desejo e à preservação do sono. Ele só podia ter pesadelos. Na verdade, novas mudanças intervieram: instaurou-se uma dissociação em sua personalidade.

O paciente, um médico, buscou tratamento no dia em que se deu conta de que sua capacidade de concentração com seus pacientes se enfraquecia: cochilava e começava a devanear. A análise tendo progredido, começou a perceber que esta dissociação tinha uma função defensiva.

Sentia-se literalmente possuído por esse tipo de funcionamento mental. Ele era o sonho como o sonho era sua própria produção, o que lhe dava sempre o sentimento de ser irreal. Quando os colegas lhe felicitavam pelo seu trabalho, jamais dizia "*terminei com esse caso*"; dizia sempre: "*o caso terminou*". Essa dissociação o impedia de aceder ao estatuto do eu sou na sua experiência do *self*. Era um homem extremamente refinado e lógico. Por que teria criado esta estrutura onírica tão complexa? Eis uma boa pergunta, sugere Khan.

Acredita Khan que o quociente intelectual elevado do paciente dá uma resposta parcial à questão. Desde muito cedo ele demonstrava uma grande sede de aprender, de objetividade e uma viva preocupação de exatidão. Era sua maneira de fugir do pesadelo familiar. Os processos pré-conscientes e imaginários se clivaram. Quando chegou à puberdade, tais processos se sintetizaram em uma estrutura onírica, tão irreal como compulsiva na sua realidade psíquica como na sua experiência do *self*.

A impossibilidade de sonhar foi por mim observada no atendimento de Devanildo, um adolescente atendido em Consultas Terapêuticas.

Caso clínico V – Devanildo *(Ivone Lins)*

Devanildo foi-me encaminhado pelo Serviço (no qual realizei minha pesquisa com Consultas Terapêuticas) após entrevistar uma mãe queixosa das dificuldades de aprendizagem de seu filho caçula, que acabara de completar dezessete anos e pretendia prestar concurso para entrar na Marinha.

Ao longo das três entrevistas que realizamos, seus rabiscos são delineados com traçados pouco sugestivos, semelhante a esboços de cartografia. Na maioria das vezes, quando é sua vez de começar o jogo, executa um desenho completo e não um rabisco: um jogo sem troca entre os parceiros.

Ao começar a primeira entrevista comigo, Devanildo fala do "sacrifício" que sua mãe faz para educar os quatro filhos.

Embora fale de suas dificuldades de aprendizagem e relate os problemas familiares, a expressão verbal de Devanildo é pobre e repetitiva.

Convido-o a jogar o jogo do rabisco, esperando assim que uma relação de confiança se estabeleça entre nós. Interpreta como "nuvens" o primeiro rabisco que lhe proponho, não fazendo nenhum movimento para modificá-lo.

Devanildo não exprime qualquer emoção nem interesse no nosso encontro. Continuamos a jogar e, não por acaso, seu último desenho, naquele primeiro encontro, foi um "papagaio".

Indago-lhe sobre seus sonhos. Conta Devanildo: "*Meu sonho mais importante é ser cabo da Marinha, ser feliz, ter minha mãe perto de mim e dar a ela todo o conforto e todo o luxo; espero poder estudar para um dia realizar meu sonho*".

Vendo no relato de Devanildo um devaneio, pergunto-lhe sobre seus sonhos verdadeiros, aqueles que ele tem enquanto dorme. Responde que acabou de contar-me um deles, um sonho que teve enquanto dormia e acrescenta: "*Sonho em me casar e dar conforto à minha mãe. Ela diz que ela e eu somos a mesma coisa e temos os mesmos problemas*".

Diria que, sem espaço para a atualização de seus sonhos, o único recurso que resta a Devanildo é o devaneio.

Em nosso segundo encontro, em resposta às minhas perguntas, Devanildo deixa-me entender que há três anos, em razão de os pais terem-se separado, a família vive em condições materiais extremamente precárias: dividem, com familiares de quem não gostam, uma casinha, pertencente aos avós maternos. Dispondo de um único quarto, a mãe de Devanildo e os quatro filhos dormem todos nesse cômodo.

A maneira como Devanildo se veste contradiz sua descrição da situação econômica familiar: suas roupas são de boa qualidade e bem cuidadas; calças que parecem ter acabado de ser passadas a ferro, sapatos lustrosos e, no peito, uma corrente que parece ser de ouro.

Em nosso terceiro encontro, fico sabendo que Devanildo, no momento da separação dos pais, fora o único filho que escolhera morar com o pai. Este, porém, não o aceitou: poderia acolher em sua casa até dois filhos, mas não aceitava Devanildo. Tudo isso é contado com aparente indiferença, em tom monocórdio. Nessa entrevista, repetirá seu "sonho" mas, sem dar-se conta, mais uma vez relata-o sob a forma de sonho diurno: "*só penso em dar conforto e luxo à minha mãe*".

Sua incapacidade de utilização dos processos simbólicos estava sem dúvida relacionada às experiências traumáticas vividas no seu meio familiar.

Espaço do sonho

Conta Masud Khan que o conceito de espaço do sonho cristalizou-se, para ele, a partir do que pôde observar e compreender das *consultas terapêuticas* com crianças realizadas por

Winnicott e da utilização, nas *Consultas*, do jogo do rabisco (*squiggles games*). Em seu trabalho clínico com adultos, ele pôde descobrir que seria possível utilizar o espaço do sonho como um espaço potencial, tal como a criança utiliza a folha de papel no jogo do rabisco.

O autor tenta diferenciar o *processo do sonho* (também chamado *trabalho do sonho*), responsável pela articulação entre os conflitos e os movimentos pulsionais inconscientes, do espaço do sonho, lugar onde o sonho se atualiza.

Considera Khan que seu conceito de *espaço do sonho* situa o sonho, mas não acrescenta muita coisa à compreensão de seus mecanismos biológicos. Para o autor, a concepção freudiana do *trabalho do sonho* não parece pensar esta área do funcionamento psíquico, por ele nomeada *espaço do sonho*.

Os *processos do sonho* são, segundo Khan, um dado biológico da psique humana. Quanto ao *espaço do sonho*, o autor propõe uma aproximação com a noção de *espaço potencial* instituído pela criança para descobrir, ao mesmo tempo, seu próprio *self* e a realidade exterior. Nesse sentido, o *espaço do sonho* é uma conquista do desenvolvimento da pessoa, conquista essa facilitada pelos cuidados dados ao bebê e pelo apoio do meio ambiente.

Diz ainda Khan que sua experiência clínica lhe comprovou o que afirmara Winnicott em relação à incapacidade de sonhar, presente nas crianças que apresentam distúrbios antissociais. Quando o paciente não consegue instituir o *espaço do sonho* na sua realidade interior, ele busca utilizar o *espaço social* e as relações de objeto para *atuar* seus sonhos. Em outras palavras, é a incapacidade do paciente de instituir o *espaço do sonho* para atualizar aí a experiência do sonho que o leva a *atuar* o sonho no espaço social.

O sonho atualizado no *espaço do sonho*, ao mesmo tempo em que limita sua atuação no espaço social, conduz a uma integração psicossomática da experiência do sonho e de tudo o que ela implica no que diz respeito aos impulsos instintuais e aos modos de relação com o objeto.

Ainda segundo Khan, o que permite ao indivíduo reduzir a atuação dos conflitos interiores inconscientes no mundo externo, é precisamente sua capacidade psíquica para atualizá-las no *espaço do sonho*. A compulsão de certos pacientes a sonhar e a contar seus sonhos em análise é um tipo particular de atuação, destinada a mascarar a ausência de um *espaço de sonho* em sua realidade psíquica interior.

O autor deixa claro que o *espaço do sonho* é uma estrutura intrapsíquica específica na qual o indivíduo atualiza alguns tipos de experiência. Esse modo de atualização se diferencia tanto da experiência biológica geral do sonhador, isto é, dos processos do sonho, quanto do sonho como criação psíquica simbólica.

Khan assinala a dificuldade que sente o analista em falar sobre esse tipo de experiência e provar a autenticidade de suas afirmações. Em psicanálise, diz ele, a verbalização tem valor como trabalho complementar que se impõe para que a experiência possa tomar forma e então constituir essa entidade psíquica da qual guardamos a lembrança, contamos aos outros e compartilhamos com eles (cf. 1975, p. 395).

Para Khan, a experiência do espaço potencial conduz à *experiência do sonho*. Esta experiência será ilustrada por meio de um segundo sonho por ele relatado.

Caso clínico VI (Masud Khan)

Uma moça procura a análise por andar apática, indiferente, e por passar os dias em estado de contínuo devaneio do tipo romântico, na expectativa de encontrar o rapaz ideal e com ele ser feliz para sempre.

Dezoito meses após o início da análise, ela embriagou-se numa festa, o que era algo extraordinário, e foi abordada por um jovem meio psicopata que a seduziu brutal e inesperadamente. No dia seguinte, contou na análise o ocorrido sem expressar vergonha ou culpa porque não tinha, absolutamente, a experiência do fato como um acontecimento pessoal. Khan respeitou o fato de a paciente não se referir mais detalhadamente ao ocorrido.

Três meses depois, conhece um rapaz que se apaixona por ela. Um relacionamento afetivo evoluiu entre ambos. Com o tempo, deixou que tivesse relações sexuais com ela. Na noite de sua primeira relação sexual, sonhou com o que chamou "a cena do estupro". Em suas palavras: "*No meu sonho, estou no meu quarto e Peter está me fodendo. Percebo o que está acontecendo e paro*".

Chama a atenção de Khan o uso da expressão "*no meu sonho*". A paciente demonstrava perceber a distinção entre o espaço do sonho e o espaço da vida. Suas associações deixaram claro que a experiência de ser possuída com ternura lhe dera condições de chegar à raiva e à violência represadas nela desde a puberdade. No sonho, a redramatização do estupro anulava a terna experiência sexual que tivera com o namorado. Sentia-se envergonhada por ter tido esse sonho e triste pelo namorado.

Na análise, porém, percebeu que, no espaço-sonho, fora capaz de concretizar a experiência de seu *self* amadurecido e dos impulsos instintivos na relação com o namorado. Ela começou a perceber em si uma nova capacidade de usar seu mundo interno e seu espaço onírico para concretizar experiências pulsionais e relações objetais que, no seu espaço-vida, só seriam destrutivas e romperiam seu bem-estar e seu caráter. Passou a tolerar ser meiga e também agressiva com o namorado sem achar que, por isso, tudo estava sendo posto em risco.

Texto e experiência do sonho

No artigo de 1975, "De l'expérience du rêve à la réalité psychique", Khan trata do papel do *self* nos sonhos. Para isso, distingue a *experiência* do sonho e o *texto* do sonho rememorado. Para ele, a relação entre o *texto do sonho* e a *experiência do sonho* é a mesma que existe entre o príncipe Hamlet e o rei Édipo.

Kahn utiliza o modelo proposto por Jean Starobinski: "inconsciente não é apenas linguagem; é dramaturgia, ou seja, palavra encenada, ação falada (entre os extremos do clamor e do silêncio)." E mais adiante: "não existe nada por trás do Édipo, porque Édipo é a própria profundidade".

Édipo não sonha. Ele é a atualização de uma experiência cultural do sonho, o que explica o terror que nos envolve no final da tragédia de Sófocles. Édipo é destino: "*Tal como nasci, não peço ser um outro homem diferente daquele que sou, eu quero saber quem eu sou*". Hamlet, ao contrário, convida-nos a pôr de mil maneiras a irritante pergunta sobre o que há por trás de Hamlet: suas motivações, seu passado, sua infância, tudo aquilo que ele dissimula, tudo aquilo de que não é consciente, etc. (cf. 1975, p. 389).

Hamlet é fatalidade: "*O tempo está fora dos gonzos. Oh, sorte maldita! Que seja eu quem tenha de restabelecê-la*".

Além disso, Hamlet é obcecado pelos seus sonhos.

"Oh, Deus. Eu poderia estar trancado na casca de uma noz e me ter como o rei de um espaço sem limites, mas tenho maus sonhos" (p. 389).

Segundo Khan, a "fatalidade" da pessoa concernida é inerente ao texto do sonho. É precisamente isso que faz com que o texto do sonho peça com insistência seu compartilhamento com o outro, exige ser interpretado e compreendido para que as coisas possam se restabelecer. Khan afirma:

> Um indivíduo, em sua *experiência do sonho* pode atualizar aspectos do *self* jamais mobilizáveis pela introspecção ou pelos sonhos. E, no entanto, esta experiência enriquece a vida do indivíduo e sua ausência só pode empobrecer sua experiência dos outros, de si mesmo e de seu sono. [...]
> O *texto do sonho* é uma "obra de humanidade". A *experiência do sonho*, embora seja a matriz dos destinos humanos, individuais e coletivos, não constitui em si mesma, o caráter e

> a singularidade de uma pessoa. Um trabalho complementar se impõe para que a *experiência do sonho* possa tomar forma e constituir esta entidade psíquica da qual guardamos a lembrança, contamos e compartilhamos, isto é, o *texto* do sonho. (cf. 1975, p. 394-395)

Com frequência, lembra o autor, artistas e escritores deploram a situação em que se encontram quando vivem uma experiência que se recusa a atualizar-se e tomar corpo na estrutura de um quadro ou na escrita. Sobre essa não atualização da experiência, Khan cita uma observação dolorosa retirada de um dos Cadernos de Albert Camus: "*Sei o que é o domingo para um homem pobre que trabalha. Sei principalmente o que é a noite do domingo e se pudesse dar um sentido e uma figura àquilo que sei, poderia fazer de um domingo pobre uma obra de humanidade*".

Em acordo com Winnicott, Masud Khan acredita que ninguém é capaz de comunicar pela verbalização, a si mesmo ou a outra pessoa, a totalidade de sua experiência do *self*. Disso resulta que um certo tipo de experiência psíquica não se torna jamais disponível para a articulação mental ordinária.

Khan deixa entender que é mais difícil falar da experiência do *self* do que falar das experiências conflituosas intrapsíquicas, intrassistêmicas ou interpessoais no sonho. Para Khan, as vicissitudes do *self* são mais complicadas de colocar em palavras. Só podemos inferi-las a partir de um jogo dialogado entre o analista e o paciente em uma atmosfera de confiança no não saber.

Conta Khan que foi no tratamento de jovens drogados que ele se deu conta, pela primeira vez, da distinção no sonho entre *experiências conflituosas intrapsíquicas* e *experiência do self*. A qualidade repetitiva dos sonhos desses pacientes e a banalidade das imagens que elas comportavam chamaram sua atenção.

Foi possível ao autor estabelecer um paralelo entre o relato dos sonhos dos drogados e o relato de suas *viagens* que, verbalizadas, tornavam-se igualmente repetitivas, prosaicas, contrastando com o sentimento subjetivo que eles tinham de ter vivido, durante a *viagem*, uma experiência única, viva, intensa. Khan entende que o relato verbal não dava conta da experiência vivida durante a viagem efetiva; ao contrário, encobria-a e, por vezes, chegava a negá-la.

Caso clínico VII (Masud Khan)

O caso de um jovem músico *pop* é apresentado por Khan. Uma frase, dita por acaso pelo paciente, foi muito esclarecedora para o analista. Na noite anterior à sessão relatada, o jovem havia fumado maconha e a pobreza das recordações que guardara dessa experiência o consternava. Depois de um silêncio, o jovem músico diz: "*quando estou nesse estado e escuto o som, eu sou o som ao mesmo tempo em que o escuto*". E continua: "*Isso pode parecer estúpido, mas é assim que eu sinto: nós somos quatro: o som, eu que escuto o som e, finalmente, o som e eu, que formamos um. E, no entanto, novamente, para nós quatro não somos mais de que um*".

Tentando seguir o curso do pensamento de seu cliente, Khan cita-lhe uma frase do pintor George Braque a propósito de suas colagens cubistas onde as formas se superpõem: "*Não se trata de reconstituir uma história, mas de constituir um fato pictural*".

Essa fórmula toma, rapidamente, sentido para o paciente, fazendo-o dizer: "*é como se a canção inteira anulasse o caráter auditivo absoluto do som*". Khan diz ao paciente que, de fato, eles falavam da distinção entre a experiência e o texto do sonho: na experiência do sonho, a história contada está ausente, enquanto o texto reestabelece a história.

Khan lembra ao paciente que ele procurou a análise, não para aliviar-se de sintomas definidos, mas para aprofundar sua capacidade de sentir. O jovem lhe havia dito: "*Eu estou com a vida, mas não estou na vida. Sei que outros experimentam a vida de maneira diferente da minha, eles sentem as coisas mais plenamente que eu. Sou apenas um espectador*".

O paciente deixa entender ao analista que durante o sono e durante as *viagens* experimenta algumas coisas que lhe escapam inteiramente à consciência ao despertar. Ele se vê então em suspenso, como um sonâmbulo acordado, esperando deixar-se ir no sonho, onde poderia reencontrar essa experiência. Essa maneira de existir tornou-se de tal modo difícil para sua mulher que ele procurou tratar-se para escapar à pressão exercida por ela, obrigando-o a acordar-se completamente e participar da vida familiar.

Foi nesse clima que Khan começou a vislumbrar que a incapacidade do paciente de ser no sonho e de estar com o sonho, fora do sono e durante o sono, tinha como finalidade controlar seu mergulho profundo em direção à experiência do sonho.

Foi essa busca da experiência do sonho que o levou a fumar maconha e tomar LSD. *As viagens lhe faziam* algo, mas, quando voltava ao estado consciente normal, era incapaz de "manter" essa experiência ou entrar em contato com ela. Isso era o que o levava a fazer, cada vez mais frequentemente, essas *viagens* e tinha-lhe dado o desejo de permanecer nelas um tempo mais longo. De fato, passou a ausentar-se de seu *self*, tanto quando estava acordado quanto quando estava dormindo, permanecendo continuamente no estado psíquico satélite próprio da *viagem*.

O trabalho com esse paciente deixou claro para Khan que existe uma experiência do sonho à qual o texto do sonho não dá acesso. Não existe complementariedade nem antítese entre a experiência e o texto. Segundo Khan, na experiência total de um indivíduo, a experiência e o texto do sonho podem-se superpor para uns ou permanecer separados, sem relação, para outros.

Insiste Khan: a experiência do sonho existe, ela influencia o comportamento do indivíduo, mesmo se não pode ser consignada, expressa num relato pictural ou verbal. Cabe ao analista admitir a possibilidade de trabalhar com a ausência, no paciente, de uma experiência vivida e não buscar sua articulação por meio de um modo de pensamento conforme aos processos secundários.

Para Khan se acreditamos que a experiência do sonho não é simbólica, no sentido em que o são as diferentes estruturas do sonho temos que aceitar que o processo psíquico que desempenha o papel mais importante na atualização do sonho é o processo primário.

E conclui Khan:

> Penetramos numa área do pensamento analítico contemporâneo e do trabalho clínico, muito diferente da abordagem clássica do tema. De modo diferente de Freud, acreditamos que o papel do pensamento ou da figuração em imagens, segundo o processo primário, não nos aparece mais como a antítese do processo secundário. Não acreditamos mais que o processo primário se alinhe inevitavelmente e exclusivamente sobre o princípio de prazer. Hoje é possível considerar estados psíquicos que facilitam e atualizam a experiência do *self* por meio de um funcionamento determinado essencialmente pelos processos primários.

3.

A teoria do brincar e as consultas terapêuticas

Algumas considerações sobre o uso da brincadeira na psicanálise e as teorias do brincar, propostas por Winnicott, servirão de introdução a considerações sobre as *Consultas Terapêuticas*.

O uso da brincadeira na psicanálise

O uso da brincadeira na psicanálise data das primeiras aplicações do método psicanalítico às crianças. Com o intuito de chamar a atenção para a originalidade da perspectiva winnicottiana, retomo, brevemente, as concepções teóricas de Anna Freud e Melanie Klein. Para isso, sirvo-me da análise feita por Anne-Lise Rod e René Henny, no artigo "Alguns aspectos da brincadeira na psicoterapia da criança" (1985), no qual os autores apontam divergências nas posições tomadas pelas primeiras psicanalistas que se dedicaram ao tratamento das crianças, bem como certa conciliação de suas ideias, presente no trabalho de Serge Lebovici e René Diatkine.

Afirmam Rod e Henny que as estratégias utilizadas por uma e outra têm um mesmo objetivo: o desenvolvimento do *insight*; as táticas empregadas, porém, são diferentes.

Anna Freud explica a atividade lúdica por meio da teoria dos mecanismos de defesa do ego, particularmente pela noção de identificação ao agressor. Para ela ao brincar a criança supera sua passividade e manipulando sua onipotência, triunfa ilusoriamente sobre o adulto.

Para Melanie Klein, o papel essencial da brincadeira da criança é traduzir, simbolicamente, as fantasias, os desejos e as experiências vividas. Trata-se de uma sublimação primária, na qual o mecanismo de base é a projeção. Interessa aos kleinianos a fantasia inconsciente, ou mesmo a fantasia originária[1], que se explicita repetitivamente de forma lúdica, muitas vezes de modo extremamente deslocado e irreconhecível pelos contrainvestimentos[2].

Segundo Rod e Henny as propostas sobre a origem, o objetivo e o valor terapêutico da brincadeira apresentadas por S. Lebovici e R. Diatkine, psicanalistas franceses de uma geração posterior, veem atenuar a divergência entre as duas grandes escolas da psicanálise com crianças.

Para os psicanalistas franceses, as satisfações pulsionais obtidas na brincadeira ocupam um lugar capital na dinâmica psíquica da criança, uma vez que, ao satisfazer as moções

[1] Estruturas fantasmáticas típicas – vida intrauterina, cena originária, castração, sedução.

[2] Representações que dificultam o acesso às representações inconscientes.

libidinais e agressivas por meio da brincadeira, ela escapa das censuras superegoicas. Lebovici e Diatkine mostram-se ainda em acordo com Klein, quando definem a brincadeira como uma *formação reativa* utilizada com a finalidade de *afastar da consciência os movimentos pulsionais*. Tal como Klein, defendem uma equivalência entre a brincadeira e o sintoma.

Aproximando-se da visão annafreudiana, Lebovici e Diatkine afirmam que o prazer alcançado na atividade lúdica deriva da satisfação do desejo de transgressão, satisfação esta responsável pelo caráter excitante da brincadeira.

As considerações de Rod e Henny dão elementos suficientes para percebermos que, tanto no plano clínico como teórico, Lebovici e Diatkine permanecem atrelados às maneiras clássicas de uma visão psicanalítica da brincadeira. O importante, para eles, é a consideração do elemento oculto que aí se encontra presente; um elemento que diz respeito à sexualidade e que pode ser desvelado pelas interpretações do analista.

Adianto que essas concepções estão em discordância com as teorias winnicottiannas. Para Winnicott, a capacidade de brincar indica saúde, correspondendo o sintoma à incapacidade de brincar. O caráter excitante da brincadeira deriva, em sua opinião, não do desejo de transgressão mas da precariedade do lugar que ela ocupa: entre a subjetividade e a objetividade.

Para Winnicott, existe uma grande diferença entre o terapeuta que analisa o conteúdo da brincadeira e opera a partir da noção do aparelho psíquico constituído pelas instâncias *id*, *ego* e *superego*, e aquele que leva em conta a noção de espaço potencial, lugar da brincadeira e da comunicação do verdadeiro *self*, isto é, da comunicação autêntica e não reativa, como veremos a seguir.

A *teoria do brincar em Winnicott*

A distinção feita por Winnicott entre os termos "*game*" e "*play*" é bastante conhecida: o primeiro designa jogos que comportam regras, o segundo as brincadeiras que se caracterizam pela espontaneidade. É da capacidade de brincar, tema que perpassa toda sua obra, que Winnicott trata.

O emprego da brincadeira criativa em seu trabalho data do início de sua atividade clínica. Em seu primeiro livro, *Notas clínicas sobre as desordens da infância* (1931), Winnicott relata atendimentos clínicos realizados nos anos 20, em que o *jogo da espátula* já era utilizado com crianças. Nessa época, já via a brincadeira no contexto de uma relação de confiança tal como se desenvolve entre o bebê e sua mãe ou entre o terapeuta e seu cliente.

Em "A observação de bebês numa situação padronizada" (1941), ao relatar para seus colegas da Sociedade Britânica de Psicanálise sua experiência com o jogo da espátula, ele afirmou:

> Por cerca de vinte anos estive observando bebês em minha clínica no Paddington Green Children's Hospital, registrando, em muitos casos de modo detalhado, a maneira como as

> crianças se comportavam numa situação específica, muito fácil de se criar dentro da rotina normal de uma clínica. (p. 112)

Nessa ocasião, Winnicott descreve para seus pares o jogo da espátula, uma brincadeira que se dá em uma "situação estabelecida": a criança no colo da mãe, com uma nova pessoa (um homem, por acaso) sentado à sua frente e uma espátula brilhante sobre a mesa. Ele mostra como nessa situação a capacidade de brincar surge naturalmente. Ao longo de sua obra, dá exemplos convincentes do valor terapêutico do jogo da espátula.

Na década de 1940, Winnicott começa a utilizar o jogo dos rabiscos nas chamadas *consultas terapêuticas*. O valor terapêutico das consultas será enfaticamente apontado por ele.

Em "Por que as crianças brincam?" (1942) uma de suas transmissões radiofônicas dirigidas a mães e educadores, usando linguagem simples, própria de suas comunicações com aqueles que conhecem os bebês porque cuidam deles, Winnicott responde: as crianças brincam por prazer, para exprimir a agressividade, para controlar a angústia, para enriquecer suas experiências, para desenvolver contatos sociais, para comunicar-se com pessoas escolhidas do seu meio ambiente, e utilizam a brincadeira como meio de integração da personalidade. "A brincadeira, a utilização das experiências artísticas e a prática da religião tendem, de modos diferentes mas conjuntamente, para a unificação e integração geral da personalidade" (p. 163).

É, sobretudo, quando fala da brincadeira como fator de integração da personalidade que encontramos várias considerações utilizadas por Winnicott mais tarde, ao expor sua teoria do brincar. Ele dá como exemplo o fato de a brincadeira ligar o indivíduo tanto à realidade interior como à realidade externa ou compartilhada.

Segundo Winnicott, a criança, cuja relação com a realidade interior não está conjugada à relação com a realidade externa ou, em outras palavras, a criança cuja personalidade está seriamente dividida nesse sentido, não pode brincar.

O autor se detém, particularmente, no aspecto da integração que diz respeito à "ligação entre as ideias e a função corporal". Sugere que se faça uma comparação entre dois tipos de comportamento: a *masturbação*, com as fantasias conscientes e inconscientes, e a *verdadeira brincadeira*, na qual as excitações corporais ligadas a ideias conscientes e inconscientes encontram-se em estado de suspensão ou acompanham o conteúdo da brincadeira. Ele pôde observar que quando a angústia é relativamente importante, a sensualidade torna-se compulsiva, anulando assim a possibilidade do uso da brincadeira.

Em 1951, o uso da brincadeira na clínica já havia dado a Winnicott elementos suficientes para a elaboração de sua teoria dos *objetos e fenômenos transicionais*, um marco do início de sua elaboração teórica sobre o brincar e a criatividade. Tal elaboração prosseguirá pela década de 1960, em textos que tratam da comunicação e da criatividade sob a perspectiva da teoria do *self* e do encontro com o objeto.

A elaboração da teoria winnicottiana da brincadeira encontrará seu ponto culminante em 1971, por ocasião de seu último livro publicado em vida, *O brincar e a realidade*. Nele, o autor faz um estudo exaustivo da relação entre o brincar e a capacidade criativa.

O início da brincadeira

Segundo Winnicott, são as interações mais primitivas e fundamentais entre a mãe e seu bebê que se encontram na origem da brincadeira. Ele defende que, nos primórdios da relação materno-infantil, não se trata apenas de atender às necessidades instintivas do bebê, mas também de permitir que ele encontre e se entenda com o objeto.

A consideração dessas trocas se impõe em um estudo da clínica winnicottiana, dado que, para o autor, a brincadeira está presente não só no atendimento às crianças, mas igualmente nas práticas analíticas com pacientes adultos. Mais que isso, a capacidade para brincar está na base de toda atividade criativa do ser humano.

Em *A dependência nos cuidados infantis* (1970), as primeiras trocas entre o bebê e sua mãe são descritas por Winnicott em termos de anatomia e fisiologia. Por considerar que, em primeiro lugar, veem as necessidades do corpo, afirma:

> Talvez seja preciso que alguém levante o bebê e o vire de lado. Talvez ele precise de mais aquecimento ou de menos roupa, para que a transpiração possa ocorrer. Pode ser, também, que a sensibilidade de sua pele precise de um contato mais suave como, por exemplo, o da lã. Talvez sinta alguma dor, cólicas e, por alguns momentos, precise ser colocado no ombro. A alimentação deve ser incluída entre estas necessidades físicas. [...] Em seguida, há um tipo de necessidade muito sutil, que só o contato humano pode satisfazer. Talvez o bebê precise deixar-se envolver pelo ritmo respiratório da mãe, ou mesmo ouvir e sentir os batimentos cardíacos de um adulto. Talvez lhe seja necessário sentir o cheiro da mãe ou do pai, ou ouvir sons que lhe transmitam a vivacidade e a vida que há no meio ambiente, ou cores e movimentos, de tal forma que o bebê não seja deixado a sós com os seus próprios recursos, quando ainda muito jovem e imaturo para assumir plena responsabilidade pela vida. (p. 75-76)

Em relação a esse momento inicial do bebê, Masud Khan, na esteira do pensamento de Winnicott, afirma:

> No começo, há o ato e o gesto. Só em segundo lugar intervêm fantasias, pensamentos, sonhos, brincadeira e imaginação. A realidade psíquica é um *après-coup*. São os atos e os gestos que estão na sua origem e que presidem sua evolução inevitável e seu destino. (1974, p. 117)

As interações iniciais entre o bebê e sua mãe são vistas por Winnicott como uma forma poderosa de comunicação em que a verbalização perde seu significado. Dentre essas interações, temos a *comunicação de confiabilidade*.

Em "O conceito de regressão clínica comparado com o de organização defensiva" (1967) Winnicott diz: "O bebê não ouve ou registra essa comunicação, ele apenas sente os efeitos da confiabilidade. [...] Ele só tem conhecimento da comunicação pela falta de confiabilidade" (p. 87).

Entendemos bem do que fala Winnicott se nos lembrarmos que a saúde pode passar despercebida, mas não a doença.

Uma segunda forma de comunicação é da *mutualidade* experimentada pelo bebê em sua relação com a mãe. Winnicott vê nessa comunicação uma forma de brincadeira. Quando fala da *mutualidade*, refere-se ao movimento de embalar, no qual a mãe adapta seus movimentos aos do bebê, e à amamentação. Em relação à última, ele descreve:

> Embora os bebês normais variem consideravelmente seu padrão de desenvolvimento, podemos afirmar que com doze semanas eles já são capazes de brincar da seguinte maneira: acomodado para mamar, o bebê olha para o rosto da mãe e sua mão se levanta, como querendo brincar de amamentá-la por meio do dedo que introduz em sua boca. (1976 [1970], p. 198)

Mais tarde essa experiência de *mutualidade* tem lugar nas *identificações cruzadas*, expressão utilizada por Winnicott para falar da capacidade de sintonia e empatia mútua entre duas pessoas em relação.

Quando fala das funções da brincadeira, ele coloca sempre em primeiro lugar a função de integração da personalidade, por meio da ligação dos mundos interno e externo, tal como ocorre nas expressões artísticas e na religião, todas conduzindo à unificação da personalidade.

O brincar e o objeto transicional

Em 1951, ao expor sua teoria dos objetos e fenômenos transicionais, precursores da brincadeira, Winnicott aponta o momento a partir do qual a capacidade para brincar se instaura. Trata-se do momento em que, para a criança, o objeto – até então subjetivamente concebido – tende a se tornar um objeto percebido objetivamente. Essa transição no modo de apreensão do objeto tem a ver com a evolução de um funcionamento psíquico que, submetido inicialmente ao princípio do prazer, ruma em direção ao princípio de realidade, diz Winnicott lembrando a teoria freudiana a esse respeito.

O espaço intermediário entre o mundo subjetivo e o mundo objetivo é chamado, no artigo citado, de *área de ilusão*. Winnicott deixa claro que a ilusão de onipotência vivida pelo bebê, nesta fase, não é uma questão de comportamento. É uma experiência psíquica que alivia a tensão suscitada pela articulação entre a realidade de dentro e a realidade de fora; realidades que, nas fases mais primitivas do amadurecimento pessoal, não se encontram plenamente diferenciadas. Tal experiência depende da adaptação quase perfeita da mãe às necessidades do bebê.

Mais tarde, essa zona, lugar teórico do *objeto transicional*, da brincadeira da criança e de toda experiência cultural, será denominada *espaço potencial. Área de brincar e espaço potencial* são duas noções que se recobrem.

Em "O brincar: uma exposição teórica" (1971), Winnicott localiza o brincar numa sequência de relacionamentos sobre os processos do desenvolvimento:

> – O bebê e o objeto estão fundidos um ao outro. A visão que o bebê tem do objeto é subjetiva e a mãe se orienta no sentido de tornar concreto aquilo que o bebê está pronto a encontrar.
> – O objeto é repudiado, aceito de novo e objetivamente percebido. A mãe se acha num permanente oscilar entre ser o que o bebê tem capacidade de encontrar, e ser ela própria aguardando ser encontrada. O bebê tem a experiência de controle mágico e começa a fruir de experiências baseadas num "casamento" da onipotência dos processos intrapsíquicos com o controle que tem do real. A confiança na mãe cria aqui um playground intermediário, onde a ideia de magia se origina. O *playground* é um espaço potencial entre a mãe e o bebê ou que une a mãe e o bebê.

> – O bebê fica sozinho na presença de alguém. [...] Essa pessoa é sentida como se refletisse de volta o que acontece no brincar.
> – A criança, agora, está ficando pronta para o estádio seguinte, que é permitir e fruir uma superposição de duas áreas de brincadeira. Em primeiro lugar, naturalmente é a mãe quem brinca com o bebê, mas com cuidado suficiente para ajustar-se às suas atividades lúdicas.

Mais cedo ou mais tarde, entretanto, ela introduz seu próprio brincar e descobre como é variada a capacidade dos bebês de aceitar ou não a introdução de ideias que não lhe são próprias. Desta maneira, está preparado um caminho para um brincar conjunto no relacionamento (p. 70-72).

Winnicott explicitará que o *espaço potencial* é mais do que um domínio no qual a ilusão de onipotência pode continuar a ser vivida. O essencial no percurso do amadurecimento pessoal não é a continuação da experiência de onipotência, mas o desenvolvimento da capacidade criativa. O autor diferencia assim a criatividade primária (onipotência ilusória) da criatividade que implica o reconhecimento da exterioridade e supõe um fazer.

Sem desconhecer o valor positivo para o desenvolvimento na criança das frustrações reais impostas pela realidade exterior, ele considera o princípio de realidade como um "arqui-inimigo" da espontaneidade e da criatividade, na medida em que indica a existência do mundo como fato bruto, independente de sua criação pela criança.

A criatividade

A teoria da criatividade proposta por Winnicott é de grande importância para a compreensão de sua prática clínica. O estudo dessa teoria requer a consideração da natureza do objeto para o paciente e o tipo de comunicação que se estabelece, ou seja, se o paciente se comunica a partir do verdadeiro *self* ou do falso *self*. Esses dois elementos são particularmente importantes para a compreensão das *consultas terapêuticas*.

O objeto da comunicação

Em relação à natureza do objeto Winnicott faz algumas propostas:

1. No início, o recém-nascido não percebe a mãe como algo diferenciado dele. No espaço dessa primeira relação, espaço chamado de espaço de *indiferenciação* entre o eu e o não eu, os objetos são chamados de *subjetivos*, pois são o próprio sujeito. A comunicação entre a mãe e o bebê é empática, direta e silenciosa.

A qualidade ótima da adaptação da mãe às necessidades de sobrevivência e aos impulsos espontâneos do bebê concede a este uma experiência de onipotência. No desconhecimento total da realidade externa, o objeto é, para ele, criado pela sua necessidade.

A rigor, diz Winnicott, não há necessidade de comunicação quando a mãe é um objeto subjetivo. Se a *constância* é um traço predominante no comportamento da *mãe-ambiente* – a mãe que atende às necessidades do bebê –, este comunica simplesmente existindo. Assim, o fato de estar vivo pode ser considerado a primeira comunicação de um recém-nascido. No caso de o objeto fracassar na função de adaptação, o bebê reage e a mãe toma essa reação como sinal de comunicação.

2. Numa segunda etapa, a natureza do objeto é enunciada por Winnicott por meio de um paradoxo. Chamado *transicional*, o objeto não é interno nem externo. Para que seja criado é preciso que esteja lá, pronto para ser encontrado. Não sendo o próprio sujeito, não chega a ser um outro. Com ele o sujeito tem uma relação de posse: a possessão de um objeto não eu que ainda não é outro-que-eu (*other-than-me*).

Enquanto na primeira área, área da indiferenciação, a mãe oferece ou não oferece ao bebê a possibilidade de *ser* o objeto, na área intermediária ela apresenta o mundo de tal maneira que o bebê não precisa dar-se conta de que o objeto existia antes de ter sido criado por ele.

É a localização na área intermediária que confere aos objetos e fenômenos transicionais seu valor. O que importa, diz Winnicott, é a experiência que aí se dá: a experiência da ilusão na qual o gesto ou a alucinação do bebê se tornam reais.

Pelo lugar que ocupa, o objeto transicional não está submetido ao controle mágico da onipotência primária, embora não esteja totalmente fora desse controle. As experiências realizadas na área intermediária são a condição de possibilidade da simbolização e da passagem da criatividade primária para a experiência criativa.

3. O terceiro espaço é denominado *mundo compartilhado*. Nele, o sujeito cria os símbolos e o pré-verbal dá lugar ao verbal. Os objetos são aí percebidos como *não eu*, embora sua percepção traga sempre em cada indivíduo a marca de sua subjetividade. A comunicação com os objetos percebidos como *não eu* (*objetos externos*) é explícita, indireta. Diferentes técnicas, inclusive a linguagem, são utilizadas nesse tipo de comunicação.

A consideração desses três espaços é importante para o estudo da capacidade de brincar como um processo. Segundo Winnicott, o bebê inicialmente brinca sozinho; depois brinca na presença da mãe, que deve estar disponível para brincar. Em um terceiro tempo, a criança está pronta a admitir uma brincadeira compartilhada na qual tem lugar a sobreposição de duas áreas da brincadeira, a da mãe e a sua.

Winnicott esclarece que o espaço intermediário persiste ao longo da vida como espaço potencial, um lugar no qual se dá a brincadeira da criança e toda experiência cultural. É nesse lugar que passamos a maior parte do nosso tempo.

O sujeito da comunicação

Quanto ao sujeito da comunicação, Winnicott parte da noção de *self* e oferece, como imagem deste, uma entidade formada por um núcleo central – o verdadeiro *self* – e uma camada que pode funcionar como protetora ou como encobridora do verdadeiro *self*, chamada por ele de falso *self*.

Para melhor situar o lugar da criatividade, Winnicott recorre à psicopatologia e mais especificamente a dois quadros clínicos antagônicos. Dessa posição, afirma que o ato criador está situado entre o investimento excessivo do mundo subjetivo do esquizoide, que perde o contato com a realidade, e a complacência submissa em relação à realidade externa, que tem por corolário a perda de contato com a realidade psíquica, tal como encontrada nas personalidades "falso *self*".

A comunicação a partir do falso *self* se dá em duas circunstâncias. Quando o meio ambiente é protetor, o falso *self* tem como função intermediar o contato do verdadeiro *self* com o mundo externo. Quando o meio ambiente não desempenha seu papel, uma atitude defensiva de submissão e condescendência em relação ao meio desfavorável se dá de tal modo que o centro de operações do sujeito passa do verdadeiro *self* para o falso *self*. O verdadeiro *self* permanece oculto, sendo suas funções usurpadas pelo falso *self*. Nessa circunstância, o indivíduo tem um sentimento de inutilidade de sua existência e de que viver não vale a pena.

As consultas terapêuticas

Nas *consultas terapêuticas*, a clínica winnicottiana apresenta-se em toda sua especificidade, o que levou M. Khan, um psicanalista dedicado à análise de pacientes adultos, a dizer que foi mais influenciado em sua prática analítica pelo que observou de Winnicott no seu trabalho de *consultas terapêuticas* com as crianças do que pelos relatos de seu trabalho com pacientes adultos.

Uma leitura atenta das *consultas terapêuticas* relatadas por Winnicott torna evidente que se trata da aplicação de um novo referencial psicanalítico em relação ao padrão clássico vigente. Novas propostas teóricas o levaram a novos procedimentos. Mesmo considerando que não se trata de psicanálise no sentido estrito da prática mais corrente, Winnicott defende, com insistência, que a preparação para a realização desse trabalho requer do terapeuta uma formação analítica, que inclui não só a análise pessoal mas, igualmente, a experiência de conduzir tratamentos psicanalíticos prolongados.

Ele conta que, na origem de sua prática com as *consultas terapêuticas* encontra-se uma observação feita em meados da década de 1920 quando trabalhava como pediatra no hospital-escola: ficava surpreso com a frequência com que as crianças sonhavam com ele na noite anterior à entrevista marcada – e se divertia ao perceber a maneira como ele próprio se ajustava a uma ideia pré-concebida por elas. Winnicott aproxima esse fato ao tipo de relação do terapeuta com a criança durante as *consultas terapêuticas* e às primeiras relações da mãe com seu bebê, nas quais existe uma expectativa deste e uma resposta consonante da mãe.

Distanciando-se de Melanie Klein, renomada psicanalista a quem solicitou supervisão, Winnicott acredita que não basta considerar a relação mãe/bebê em termos de relações objetais, que levam em conta satisfações e tensões instintuais, sem a devida consideração da importância do comportamento adaptativo da mãe às necessidades do bebê.

A prática das *consultas* torna clara a diferença entre um trabalho clínico centrado na neurose de transferência e na interpretação, pontos centrais das práticas ortodoxas, e a clínica de Winnicott, onde o essencial é a adaptação do *setting* às necessidades do paciente.

A capacidade de adaptação materna, expressa por Winnicott em termos de *sustentação* e *manejo* do bebê, serve de paradigma importante para o terapeuta que se lança na prática das *consultas terapêuticas*. Nelas, o idioma transferencial se transforma em um modelo da experiência mais primitiva, uma experiência que lembra a situação do bebê sob cuidados maternos.

O terapeuta deve levar em conta que a necessidade do recém-nascido de ser fisicamente segurado e cuidado de maneira adequada adquire complexidade, passando a envolver aspectos psicológicos. Nas *consultas terapêuticas*, se o terapeuta oferece um *setting* profissional (uma forma de sustentação), o paciente gradualmente surpreende com a produção de ideias e sentimentos não integrados anteriormente à sua personalidade total.

A palavra-chave para definir as *consultas terapêuticas* é *flexibilidade*, marca que deriva das variáveis ligadas à personalidade de cada parceiro. Para Winnicott, dada a singularidade das estruturas psíquicas em jogo – a do terapeuta e a do paciente –, toda tentativa de imitação de um modelo destina-se ao fracasso.

Nas *consultas terapêuticas*, prevalece a arte de não interpretar, o que faz parte do uso da interpretação em qualquer forma de tratamento de inspiração psicanalítica. Os comentários interpretativos, feitos na maioria das vezes em forma de construção, são reservados para momentos especiais, quando o analista deve fornecer a seu paciente tanta compreensão quanto se acha em seu poder. O terapeuta se acha autorizado a fazê-lo na medida em que percebe que o material foi produzido pela criança com esta finalidade, isto é, que a criança precisa saber se sua comunicação foi entendida. Mesmo uma interpretação "selvagem", diz Winnicott, pode ter o valor de expressar o desejo do terapeuta de entender o que lhe foi comunicado pelo paciente.

Nas *consultas terapêuticas*, o terapeuta é, sobretudo, um *objeto subjetivo*, um objeto criado pela criança. Nelas, a comunicação silenciosa é essencial. Vale assinalar a frequência com que Winnicott se refere às *Consultas terapêuticas* ou ao jogo do rabisco nelas utilizado, quando, ao longo de sua obra, refere-se a esse tipo de comunicação. Em seu artigo sobre a comunicação e a não comunicação, afirma:

> [...] esse tipo de comunicação está relacionado ao conceito de "período de lua de mel" do início da análise, à clareza especial das primeiras sessões e à dependência na transferência. Liga-se também ao trabalho que faço sobre a exploração

> completa das primeiras sessões nas terapias breves de crianças, especialmente crianças anti-sociais, para as quais uma análise completa não está disponível e talvez nem seja sempre recomendável. (1963, p. 168)

As *consultas* estão firmemente ancoradas nas teorias do autor. Ao publicar, porém, seu livro *Consultas terapêuticas em psiquiatria infantil* (1971a), Winnicott não se detém em uma apresentação teórica, afirmando que suas teorias então presentes em vários de seus textos. Sem se deter nas âncoras de seu trabalho, afirma:

> A única companhia que tenho ao explorar o território desconhecido de um novo caso é a teoria que levo comigo e que se tem tornado parte de mim e em relação à qual sequer tenho que pensar de maneira deliberada. (p. 14)

O jogo do rabisco

Por estar convencido de que só por meio da brincadeira, portanto no espaço potencial, a comunicação significativa e autêntica torna-se possível, Winnicott se serviu, nas *consultas terapêuticas*, do jogo do rabisco. Encontramos em sua obra relatos desse procedimento aplicado a crianças e adolescentes ao longo das três últimas décadas de sua vida.

O jogo do rabisco tem como característica a espontaneidade e agilidade dos traços. Os parceiros não pensam muito no desenho que vão fazer, nem na forma dos rabiscos que vão propor a seu par. Um diálogo, uma parceria, dentro de um clima de sintonia, se estabelecem. Um sentido começa a circular. Tem lugar um tipo de comunicação chamada por Winnicott de *direta, empática*.

Trata-se de uma brincadeira muito simples. Via de regra, o terapeuta diz a seu paciente: "*Faço um rabisco e você o modifica; depois, é a sua vez de começar, e sou eu que vou modificar seu rabisco*". Ambos executam, alternadamente, traços livres, cada parceiro devendo modificar os rabiscos feitos pelo outro à medida que estes são realizados.

Essa brincadeira constitui um processo que vai da experiência de algo informe, um gesto criador, um simples rabisco, à criatividade. Um espaço intermediário instaura-se entre os parceiros; diferentes sentidos se põem a circular. O paciente, apoiado pelo terapeuta, depois de transformar o rabisco em imagem, transforma-o em discurso. Num clima de confiança, uma comunicação se estabelece, que o leva a exprimir criativamente suas fantasias, sua problemática, seus sonhos. O terapeuta recebe essa comunicação e a reenvia a seu paciente de maneira igualmente criativa. Nessa espécie de *intimidade*, o ato espontâneo aparece e o jogo do rabisco conduzirá os dois parceiros à zona da angústia original da criança (ou adolescente), ao motivo que o levou à consulta.

Algumas palavras utilizadas por Winnicott quando trata do jogo do rabisco definem bem as características desse procedimento. A *espontaneidade* é uma marca desse jogo. Ela possibilita o imprevisto, a surpresa. Pode ser bastante forte a tensão que se estabelece, mas a liberdade desse jogo sem regras dá também muito prazer, por seus aspectos de criatividade e de comunicação. Ele conta que, a partir de um rabisco que lhe foi oferecido, desenha uma menina gritando: "*Help!*", e acrescenta: "*Nesse trabalho, permito-me ser espontâneo e impulsivo [...] O leitor tem o direito a qualquer opinião quanto ao que possa ter sido contido em mim fazendo-me usar tal técnica*" (Winnicott, 1971a, p. 190).

No caso, o tema *help* levou Winnicott e sua paciente a trocarem ideias sobre os Beatles. Na verdade, não se pode falar de *técnica* em relação ao jogo do rabisco. Pela *espontaneidade* entre os parceiros, ele se apresenta como o oposto dos testes projetivos. Não existem dois casos semelhantes e a troca entre o terapeuta e a criança não é submetida a normas preestabelecidas.

Em "O jogo do rabisco", Winnicott diz que tal *espontaneidade* não deve ser confundida com invasão de elementos pessoais do terapeuta, resultantes de organizações defensivas suas, rigidamente estruturadas:

> Tem-se de entender que não existem dois casos iguais e ficaria altamente desconfiado se dois casos se assemelhassem, porque pensaria então que estaria neles plantando algo oriundo de alguma necessidade minha. (1968c, p. 233)

Outra característica do jogo do rabisco é a *mutualidade*. O terapeuta, desde o início, se engaja na brincadeira tanto quanto o paciente. Essa *mutualidade* no jogo, cada um transformando o rabisco do outro, possibilita a superposição de dois espaços de brincadeira, o espaço do paciente e o espaço do terapeuta.

Empregado com crianças de todas as idades, esse procedimento permite grande *liberdade* aos parceiros. Ao relatar um atendimento por meio de *consultas terapêuticas* com uma adolescente, Winnicott diz: "*Hesta se sentia tão envolvida que se poderia dizer que ela e eu brincávamos juntos, tendo cada um a oportunidade para ser criativo*" (1971a, p. 198).

Winnicott deixa claro que não é tanto o sentido do conflito expresso nos desenhos ou o que estes simbolizam o que importa, mas sim a capacidade de instauração de um espaço de experiência.

A utilização do jogo do rabisco evidencia a tese defendida por Winnicott, quando se refere à prática clínica: para ele, o que é terapêutico não é a interpretação, mas sim a experiência.

Nas consultas, um espaço, um tempo e um terapeuta são oferecidos ao paciente, que os utiliza como elementos necessários à realização de um tipo de experiência terapêutica, a experiência de si mesmo, uma "experiência desveladora do *self*". Uma experiência de ser que vai da comunicação primária, empática e subjetiva com o objeto, à experiência de sentir-se integrado, habitando seu próprio corpo, podendo relacionar-se com os objetos do mundo compartilhado a partir do verdadeiro *self*, núcleo central da personalidade.

As interpretações do desenho carregadas de referências simbólicas – e em psicanálise o que predomina é a simbólica sexual – resultam frequentemente em sujeição do indivíduo: nesta situação, ele terá como saída reforçar seu falso *self*, ou seja, reagir por meio de condescendência e submissão às interpretações do terapeuta. Em "A experiência mãe-bebê de mutualidade", (1969), Winnicott diz: "É um alívio que a psicanálise tenha atravessado a fase que durou meio século na qual, quando os analistas se referiam a bebês, só podiam falar em termos de pulsões eróticas e agressivas" (p. 196).

A experiência do *self* que a criança atualiza na brincadeira não poderá jamais ser comunicada pela verbalização, uma vez que os processos psíquicos mais importantes nessa experiência são os processos primários, pré-verbais.

Para Winnicott, o jogo do rabisco destina-se principalmente a favorecer a instauração de um espaço virtual em que o sonho pode emergir como objeto transicional, como veremos por meio da apresentação de mais um caso clínico.

Os desenhos de Dulce são feitos com capricho e criatividade; o simbolismo deles é muito rico. Abstenho-me de comentá-los aqui mais minuciosamente para focalizar a relação que se estabeleceu entre nós duas durante as consultas.

Caso clínico VIII – Consultas com Dulce (Ivone Lins)

Dulce é uma adolescente gordinha, cujo rosto, de expressão infantil, contrasta com seu modo de se vestir e de se pentear. Com pouco mais de dezessete anos, usa um vestido comprido até o meio das pernas, o que não estava na moda para sua idade na época em que a atendi. Sem maquilagem alguma, seu penteado em coque dá-lhe ares de missionária.

Trazida ao ambulatório por sua mãe, ao entrar sozinha na sala de consultas diz de imediato que estava ali contra sua vontade. Se veio, foi unicamente em consideração por um senhor que pratica a mesma religião que ela – as Testemunhas de Jeová. Esse senhor lhe pediu insistentemente que fizesse essa concessão à sua mãe.

Indagada sobre o motivo da consulta, explica, de maneira vaga, que muitas coisas aconteceram em sua vida, levando-a a decidir morar num colégio católico. Sua mãe não aceitou tal decisão e alega que, sendo menor de idade, Dulce não poderia assumi-la. "*Me obrigaram a vir até aqui para saber se tenho uma doença mental*", diz Dulce, exprimindo grande revolta.

Ela afirma não querer, de modo algum, viver com sua família. A casa das religiosas, na qual quer morar, encontra-se numa cidade bem afastada da sua e, de acordo com seus projetos, ficará lá até atingir a maioridade (dezoito anos) para poder deixar seu lar e, por seus próprios meios, terminar os estudos de enfermagem, tratar da vida e esquecer as chateações passadas.

Interrogada, Dulce me diz que os problemas começaram quando tinha cinco anos. Ela não suporta sua casa, tem-lhe mesmo verdadeira aversão. Sua vida familiar nunca andou direito, afirma, sem apresentar os motivos.

Falando sem parar, de modo teatral, gira em torno do mesmo tema por meio de frases estereotipadas, retiradas da preleção evangélica sobre a moral, a verdade e a caridade. Mostra-se, ao mesmo tempo, impiedosa em suas críticas aos pais.

Para sair desse impasse, peço-lhe que me fale de sua infância. Dulce mistura informações sobre seu tempo de criança a outras – referidas de maneira reticente – sobre o momento atual. Conta que sempre viveu com seus pais e com seu único irmão, agora com quatorze anos. Muito nova, foi posta na creche, onde a avó vinha buscá-la todos os dias, porque sua mãe trabalhava num hospital como enfermeira. Diz também não se lembrar direito de sua infância, mas que, com certeza, foi muito ruim. E acrescenta: "*Minha mãe não compreende certas coisas, ela quer que eu more com ela e cuide da casa. Ela sabe que tenho chorado o dia inteiro*".

Quanto ao pai, afirma que a relação com ele é a pior possível. Desde os cinco anos, os laços entre eles se romperam. "*Ele nunca me bateu. É sua maneira de ser que me irrita. É grosseiro, não sabe conversar e não tem sensibilidade para compreender coisa alguma*".

Vejo que Dulce me esconde algo, não quer compartilhar seu segredo. É com muito tato que continuo a interrogá-la. Deixando de lado sua família, pergunto-lhe se tem amigas.

Responde-me que, até três semanas atrás, tinha três amigas; três irmãs a quem ajudou muito quando a mãe delas morreu e, um ano depois, quando o pai delas se afogou.

Segundo Dulce, sua mãe não gosta dessas moças porque um dia, mexendo na bolsa da mais nova, encontrou muito dinheiro. Não faço comentários, mas Dulce logo se coloca na defensiva, proclamando que está com a consciência tranquila e que nunca pretendeu se meter em negócios alheios. Eu via que Dulce não estava tranquila e pensei: certamente se meteu em negócios alheios.

O que se passara entre ela e suas amigas? Pergunto-lhe. Dulce relata, então, os últimos acontecimentos. Depois de abandonar sua casa para ir morar com um casal idoso foi, certo dia, visitar as três amigas e, naquela ocasião, a mais velha lhe ofereceu uma bebida. Dulce lembra-se vagamente de que, depois disso, foi parar num hospital, onde cuidaram dela durante dois dias. De volta à casa do casal, soube que seus pais, com a ajuda da polícia, procuraram-na por toda parte.

Dulce conta em seguida que a amiga dera-lhe aquela bebida com o objetivo de descobrir a intimidade da irmã mais nova, naquela época muito apegada a Dulce. "*A consciência tranquila, isso eu tenho*", repete inúmeras vezes minha paciente. Como diria Winnicott, Dulce não estava mentindo. Era sua parte dissociada que falava.

Decidi tentar com Dulce o jogo do rabisco, na esperança de que um clima de maior confiança se estabelecesse entre nós.

O jogo do rabisco com Dulce

Os desenhos de Dulce são feitos com capricho e criatividade; o simbolismo deles é muito rico. Abstenho-me de comentá-los aqui mais minuciosamente para focalizar a relação que se estabeleceu entre nós duas durante as consultas.

1. Do meu rabisco em espiral, ela faz, cuidadosa e criativamente, "um peixe e um palhaço" ligados um ao outro. Winnicott chamou a atenção para a importância do primeiro desenho feito no jogo do rabisco. Pensei em uma divisão da sua personalidade (o peixe como símbolo de um verdadeiro *self* e o palhaço como o falso *self*). Esse desenho me dá a esperança de conseguir uma comunicação significativa com Dulce.
2. Do seu rabisco eu faço o que ela chama: um nó (tento, inconscientemente, unir as duas partes de Dulce?).
3. "*Um coelho*", diz Dulce de seu segundo desenho, feito a partir do meu rabisco (coelho na toca?).
4. "*Duas moças*", diz ela do meu desenho.
5. De meu rabisco ela faz "*uma casa, um chalé*".
6. De seu desenho eu faço um rosto. Ela diz: "*uma camponesa*".
7. Quando termina o sétimo desenho (sem nome), feito a partir de meu rabisco, Dulce comenta: "*Este tratamento deve custar muito caro. A quantidade de folhas que a gente gasta... Mas se isso serve para testar minhas capacidades, então vamos em frente*". Dulce me parece mais disposta

a cooperar. Sua atitude defensiva começa a dar lugar a uma comunicação significativa.

Pergunto-lhe se pensa que a estou testando. "*Sim*", diz ela. "*Meu raciocínio. Minha mãe diz que eu sou uma pessoa diferente para cada situação. Mesmo os atores não conseguem isso*". Dizendo isso, Dulce sorri e eu penso em seu primeiro desenho: um "peixe e um palhaço ligados por um traço".

Tornando-se o clima entre nós mais relaxado, aproveito para perguntar-lhe sobre seus sonhos. Diz que sonhou com os números da loteria, mas não jogou. "*Acertei todos os números*".

Em seguida, me dá mais informações sobre sua vida: trabalha num bairro rico, perto da praia. No dia seguinte seria o dia do pagamento. Na verdade, diz-me, estava empregada como enfermeira de uma senhora, mas teve de abandonar esse trabalho por causa de dores de cabeça frequentes e de uma fraqueza total. Sua mãe desconfia desse emprego e, há pouco tempo, começou a pagar alguém para vigiá-la.

Percebo que Dulce me revela seu problema a conta-gotas e evito prensá-la contra a parede. Convenço-me de que é preciso dar-lhe tempo e convido-a a retomar o jogo do rabisco.

8. É a vez de Dulce começar. "*Duas montanhas*".
9. Ela vira o papel antes de transformar meu rabisco em uma pera.

10. Olhando meu desenho, sorri: "*É um coração*" (Temos um coração flechado. Sem intenção consciente, transformo sua demanda oral em demanda de afeto).
    Em seguida os desenhos representam pares.
11. Do meu rabisco ela faz "*dois peixes*". Continuo sem fazer comentários.
12. Do seu rabisco faço duas árvores.
13. É sua vez de completar meu rabisco. "*O marido e a mulher*", diz.
14. "*A mãe e o filho*", diz Dulce de meu desenho feito a partir de seu rabisco.
15. Seu último desenho, feito a partir de meu rabisco, é "*uma enguia*".

O simbolismo de nosso jogo faz-me pensar em uma demanda afetiva endereçada à mãe. Não faço nenhuma interpretação, mas levanto, para mim mesma, a hipótese que Dulce sente-se excluída das relações familiares, nas quais só há lugar para marido-mulher/mãe-filho. Por meio de seu último desenho, uma enguia, ela me fala, talvez, de sua solidão.

Terminada a entrevista, Dulce quer que eu lhe dê, imediatamente, minha opinião sobre seu desejo de ir morar com as religiosas. Tenho dificuldade de convencê-la a prosseguir as entrevistas e decidimos falar com sua mãe naquele mesmo dia.

Primeira entrevista conjunta com a mãe e a filha

A mãe de Dulce é uma mulata alta, corpulenta, de aparência bem cuidada, discretamente vestida e bem penteada. Não esconde suas preocupações com a filha, mas consegue conter sua emoção. De acordo com D. Hilda, Dulce não quer mais morar com os pais e diz sempre a seu pai que o odeia. A mãe não entende o motivo que fez sua filha deixar a família para ir morar com desconhecidos que vivem em condições econômicas muito precárias. "*Ela deixou um quarto confortável para ir dormir sobre um colchão, num aposento de terra batida*".

D. Hilda conta que, inquieta com a partida de Dulce de sua casa, resolveu segui-la, mas acabou perdendo-a de vista. Dirigiu-se, então, à casa em que a filha estava morando e a senhora disse-lhe que Dulce passava o dia inteiro fora. Dulce interrompe a mãe para explicar-se: ia visitar as amigas e faziam refeições juntas, geralmente em bares ou restaurantes. Dulce conta como sua mãe a seguira no dia em que foi consultar um espírita. Do ônibus no qual se encontrava, viu sua mãe, que a seguia num táxi. Conseguiu escapar. Saltou do ônibus e seguiu ao encontro de um senhor espírita, com quem tinha hora marcada. De acordo com D. Hilda, sua filha mostrava-se muito inquieta naquele dia.

A mãe confessa suas suspeitas em relação à vida que sua filha leva, pois sempre se recusara a dar o endereço onde dizia trabalhar. Dulce exclama: "*Estou cheia dessa família! Pelo menos no meu trabalho, não quero ser espionada!*"

Dulce insiste em sua inocência: reafirma que não tinha conhecimento da vida que suas amigas levavam e que elas sempre lhe demonstraram amor e respeito. Bastante inteligente, se exprime com grande desenvoltura, mas seus argumentos são frágeis e os raciocínios não convencem. Procuro, no entanto, não dar à entrevista o caráter de um inquérito policial, que busca apenas a confissão da culpa.

Sou informada de que Dulce trabalhou como enfermeira na casa de suas amigas, cuidando da mãe delas até que viesse a falecer.

D. Hilda dá sua versão: a filha mudara muito, desde que se tornou amiga daquelas três moças. Suas suspeitas em relação a elas foram confirmadas pelo juiz de menores. No momento em que a mãe a perdeu de vista, foi também procurá-la na casa das amigas. A mais velha contou-lhe que Dulce, depois de ter tomado uma *batida*, ficou muito agitada. A "amiga" confessou que lhe havia oferecido a bebida com o intuito de descobrir se havia uma ligação homossexual entre Dulce e sua irmã mais nova. Vendo a agitação de Dulce, ela a pusera sob o chuveiro, o que a acalmara antes de partir.

Dulce completa a história contada pela mãe: na rua, sentiu-se mal e alguém a levou para o hospital. Somente na audiência com o juiz de menores é que ficou sabendo das atividades de contrabando e de prostituição das amigas. O juiz nada encontrou em suas investigações que pudesse incriminá-la. Ele não a acusou, considerando que Dulce não fazia parte do bando.

A mãe explica que o comissário de polícia aconselhou seu marido a cuidar da filha e retirar a queixa, na medida em que o caso envolvia "muita gente importante", pessoas ricas e, mesmo, ligadas à política do Estado. As amigas de Dulce estavam ligadas a uma casa de prostituição, situada num bairro residencial, que empregava garotas, mesmo menores de idade. A rede dispunha também de outra casa – situada na zona do meretrício e destinada ao contrabando.

Dada a complexidade do caso e à pressão que Dulce fazia para que a deixassem ir logo morar com as religiosas, marquei um novo encontro para o dia seguinte.

Segunda entrevista (sem a presença da mãe)

Nesse dia, Dulce vem sozinha à consulta e não jogamos o jogo do rabisco. Muito ansiosa, me fala sem parar de sua inocência e da necessidade de deixar sua casa. Proponho-lhe que continuemos a tentar compreender melhor o que se passou para podermos encontrar, juntas, uma saída que lhe seja favorável.

À sua maneira, por meio de um relato sempre vago, me oferece novas informações: bebeu a tal batida porque quis, ninguém a obrigou a isso. Sua amiga perguntou-lhe se preferia batida de graviola ou de tamarindo. "*Escolhi graviola, porque de azedo basta a vida*".

No segundo dia de internação, sem esperar permissão médica, foge do hospital, na hora das visitas aos doentes. Vai logo procurar as amigas, que lhe dizem que seus pais a procuravam por toda parte, numa viatura de polícia. Cheia de ansiedade e de medo, reencontra os familiares, que a conduzem a uma audiência com o juiz de menores, à qual as três amigas também comparecem.

Segundo Dulce, essas amigas são moças muito bonitas e muito ricas que moram no interior. Gostava muito delas e tomava conta de suas transações bancárias, bem como de toda a papelada para que recebessem uma herança deixada pelos pais. Fazia tal coisa por amizade e só se dedicava a isso quando podia, nunca tendo recebido um centavo pelo trabalho. Sua decepção é enorme quando, diante do juiz, as amigas a acusam de beber demais e de se entregar à prostituição. A mãe interrompe a fala da filha para dizer que não permitiu que Dulce fosse submetida a uma perícia, afirmando que saber se sua filha era ou não virgem não era importante naquele momento.

Reproduzo aqui o que consegui reter de um relato em filigranas feito por Dulce. Ela conta pequenas histórias que não se encadeiam, de maneira explícita, mas suas emoções começam a aparecer.

Diz-me que podia ganhar muito dinheiro se quisesse e faz alusão à "casa de comércio de mulheres", na qual são vendidas muitas espécies de produtos de contrabando. Deixa entender que conhece muito bem os negócios de suas amigas, mas afirma, com veemência, deles não ter participado.

Fala-me também de uma psicóloga que conheceu, por acaso, na praia. Convidada a ir a seu apartamento, Dulce teria ficado muito surpresa ao entrar num quarto onde se encontravam muitos objetos de valor e dinheiro estrangeiro. Pergunto-lhe por que essa senhora quis lhe mostrar tudo isso. Insistindo mais uma vez sobre sua inocência, afirma não saber por que as pessoas mostram-lhe esse tipo de coisa e acrescenta que a psicóloga disse-lhe que muitas vezes dormia no hotel

Othon Palace. Um dia, diz-me Dulce, encontrou-a no referido hotel, mas não sabe por que ela estava por lá.

Ela me fala, em seguida, de um café aonde foi com as amigas, ambiente muito agradável. Era preciso fazer um cartão para poder frequentar aquele lugar. Indago sobre o tal café e ela responde não saber que tipo de casa era aquela, mas que serviam ali um bolo muito, muito delicioso.

Sempre por meio de alusões e fragmentos, Dulce me diz o que um senhor lhe contou: a mais nova de suas amigas, a que tem a mesma idade dela, dorme com qualquer um. Esse senhor mostra-lhe um dia sua amiga entrando com um sujeito mal-encarado num prostíbulo.

Convenço-me que Dulce me informa, à sua maneira e como lhe é possível, até onde ela foi nessa vida desregrada. Nesse momento da entrevista, torna-se muito ansiosa e só depois de grande resistência aceita voltar ao Serviço. Explico-lhe que temos necessidade de um terceiro encontro, com a presença da mãe, para decidirmos juntas sua partida para o colégio das freiras.

Terceira entrevista

Dois dias depois da segunda entrevista, reencontro Dulce, que demonstra uma ansiedade enorme. Dois sentimentos transparecem em sua fala: a confusão e o medo, mesmo se tenta sempre conter suas emoções.

Diz ter procurado o revólver de seu pai, e acrescenta: "*Talvez o melhor seja mesmo acabar com isso logo de uma vez*". Como se falasse de coisas que não a afetassem, conta-me que, segundo suas amigas, na cidade delas tem uns caras que, por uma bagatela, liquidam qualquer um.

Compreendo que ela se sente ameaçada. Sabe que corre perigo por conhecer e por ter participado das atividades do bando. Digo-lhe o que penso: que ela procura um refúgio na casa religiosa. Minha intervenção a deixa mais calma.

Convido-a ao jogo do rabisco. Quase não falamos enquanto jogamos.

1. Do meu rabisco ela faz duas laranjas acopladas.
2. Transformo seu rabisco em forma de oito. Ela diz: "*Duas pessoas. Não sei como elas estão*" (pessoas unidas, fundidas).
3. "*Uma onda do mar*", diz, de seu desenho.
4. Do meu desenho diz: "*um oito, um peixe ou um nó*".
5. Dulce faz uma igreja de meu rabisco.
6. E eu faço do seu o que ela nomeia "*um boneco*".
7. Do meu rabisco, ela faz um gato.
8. Do seu rabisco faço um "*caracol*".
9. Ela leva tempo para fazer do meu rabisco "*uma montanha*" (na verdade, uma paisagem com lua e árvores).
10. Do meu desenho ela diz: "*uma boneca*" (parece risonha e dançando).
11. Abstenho-me de qualquer comentário sobre os desenhos. Sinto que se estabeleceu entre nós um contato mais favorável.

12. Dulce conta que, certo dia, ganhou um concurso de artesanato fazendo colares. O preço era uma viagem a São Paulo, mas sua mãe proibiu-a de viajar. "*As coisas boas nunca funcionam comigo*", diz ela com voz melancólica.

Esta lembrança faz-lhe falar de sua infância: sua avó, ajudada por uma amiga, cuidava dela enquanto a mãe trabalhava. A amiga da avó, que se tornou madrinha de seu irmão, bebia muito; tinha sempre uma garrafa embaixo da cama. Segundo Dulce, aquela senhora gostava muito dela e fazia todas as suas vontades. Mas seus pais se mudaram para outra cidade e levaram os filhos com eles. "*A mãe tem esse direito*", diz Dulce, com raiva.

Vejo aí a comunicação essencial da entrevista. Ela me dava a chave para a compreensão de seu conflito: uma separação difícil de suportar poderia estar na origem de sua conduta antissocial. Não se tratava de carência materna, mas da separação de uma figura materna substituta, objeto de grande investimento. Sua mãe a separara de alguém que ela amava muito. Comunico-lhe minha hipótese, dizendo que ela tentara colocar no lugar daquela senhora as três amigas que levavam uma vida desregrada, mas as moças a traíram. Talvez por isso estivesse tão decepcionada.

Não lhe falei de seu Édipo, mesmo percebendo que a mãe estava, para ela, fixada no papel de elemento perturbador de suas relações afetivas. A meu ver, isso não era o mais importante. Dulce procurava a solicitude materna que lhe fizera falta em outros tempos.

A raiva que Dulce exprimiu em relação à mãe, nesse momento da entrevista, teve certamente um efeito terapêutico, era uma raiva que tinha uma motivação objetiva e conhecida.

13. Dulce faz um último desenho a partir de meu rabisco: mais "*uma boneca*".

Peço-lhe que chame sua mãe para uma entrevista conjunta.

Segunda entrevista conjunta com a mãe e a filha

Logo que nos acomodamos, solicito D. Hilda a falar um pouco da infância da filha. Dulce nasceu de parto normal e não apresentou problemas de desenvolvimento. A mãe devotou-se inteiramente a ela durante os três meses de licença-maternidade. Depois desse período, a criança ficava à noite com uma tia materna, já que D. Hilda trabalhava no turno da noite, como auxiliar de enfermagem de um hospital. Dulce tinha um ano quando a mãe recomeçou a trabalhar durante o dia. A avó e sua amiga passaram a cuidar dela enquanto D. Hilda estava no trabalho.

A mãe confirma que a amiga da avó, a quem Dulce chama de madrinha, ficou muito ligada a sua filha. "*Ela a mimava demais; ela a adorava*", acrescenta. Dulce diz que, quando não queria comidas salgadas, a madrinha misturava pedaços de ameixa preta no alimento. Compreendi, então, todo o valor atribuído por Dulce ao bolo que a amiga lhe oferecera na casa de prostituição e à batida de graviola. Compreendi melhor, também, o simbolismo oral de seus desenhos.

D. Hilda relata a mudança de residência da família, quando Dulce tinha dois anos: seu marido encontrou trabalho em outra cidade e ela própria resolveu mudar de atividade. Instalou em casa um salão de cabeleireiro, para poder cuidar de Dulce e do filho que nasceria em breve.

Todos os ingredientes para a formação de uma defesa do tipo comportamento antissocial estavam presentes na história de Dulce: mãe, atarefada com a nova profissão, desvia o olhar da direção da filha; separação de uma figura materna substituta muito importante; nascimento do irmão quando era suficientemente amadurecida para vivenciar a carência materna como *deprivação* (falta de afeto).

Dulce estava com dez anos quando a família voltou para sua cidade natal. Foi o período mais difícil, diz D. Hilda. Ela adoece e torna-se muito nervosa em consequência do regime e dos medicamentos que era obrigada a tomar para emagrecer. Além disso, a família passa a morar na casa da avó paterna de Dulce. D. Hilda não mantinha.

Nessa época, Dulce começa a mentir e a mudar de comportamento em relação ao pai, com quem era muito apegada. A mãe a leva a uma psicóloga, que diz não se tratar de nada grave e que tudo passaria com o tempo.

De modo a ser compreendida pela mãe, falo do trauma que certamente foi para Dulce ser separada de uma hora para a outra de sua madrinha, trauma a que se juntaram o nascimento do irmão, e mais tarde, a doença da mãe. Digo que, para mim, Dulce procura, na casa das religiosas, as ameixas que não pôde encontrar na relação com as amigas. Enfim, transmito-lhe minhas suspeitas: Dulce está com medo, talvez com razão, de ser vítima de uma vingança por parte do bando de suas amigas.

Decidimos que D. Hilda entrará em contato com as religiosas e que, quando Dulce estiver no colégio, ela irá visitá-la regularmente. A mãe já se informara sobre o tal lar das freiras. Embora sabendo que a mais nova das amigas de Dulce já passara por lá, ela acredita que o colégio pode ser bom para a filha.

Dulce reclama de a mãe se ter recusado a assinar seu pedido de transferência do colégio no qual estudava. D. Hilda retruca que, no entanto, já falara com sua vizinha, parente de uma das freiras do colégio, e que esta se colocara à disposição para acompanhar Dulce à instituição. D. Hilda mostra-se muito emocionada. Ela me agradece a ajuda recebida, dizendo que precisou de alguém para ajudá-la a compreender sua filha.

É muito difícil avaliar o valor terapêutico das consultas com Dulce. Winnicott nos alerta contra a dificuldade que oferecem os casos de prostituição, pelos benefícios secundários obtidos. Dulce não só desfrutava de benefícios econômicos, como também da certeza de ser amada e valorizada pelas amigas. Eu tinha consciência de que pisávamos em terreno muito frágil.

Ao me despedir das duas, assegurei-lhes de que haveria sempre alguém no Serviço que poderia recebê-las, caso houvesse necessidade.

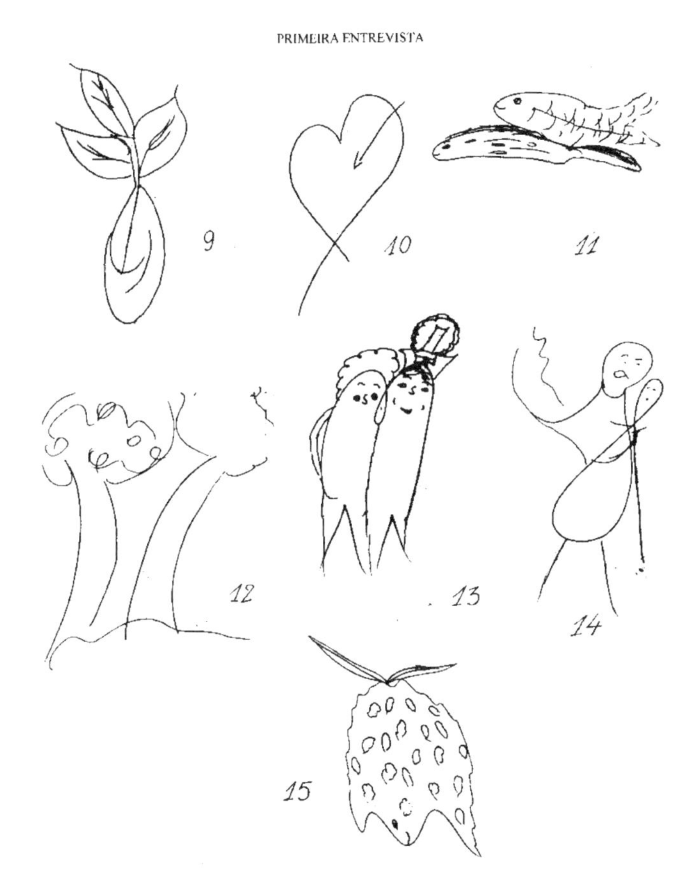
PRIMEIRA ENTREVISTA
9
10
11
12
13
14
15

TERCEIRA ENTREVISTA

Referências

GEETS, C. *Winnicott*. Paris: Jean-Pierre Delarge, 1981.

KHAN, M. (1963) O conceito de trauma cumulativo. In: *Psicanálise*: teoria, técnica e casos clínicos. Rio de Janeiro: Francisco Alves,1977.

________. (1972) Uso e abuso do sonho na experiência psíquica. *Op.cit.*

________. (1974) De l'expérience du rêve à la realité psychique. In: *Le soi caché*. Paris: Gallimard, 1976.

ROD, A. L.; HENNY, R. Quelques aspects du jeu en psycothérapie de l'enfant. *Psychiatrie de l'Enfant*, 28(1): 135-160, 1985.

WINNICOTT, D. W. (1941) A observação de bebês numa situação padronizada. In: *Textos selecionados*: da pediatria à psicanálise. Rio de Janeiro: Imago, 2000.

________. (1942) Por que as crianças brincam. In: *A criança e seu mundo*. Rio de Janeiro: Zahar, 1979.

________. (1945) Desenvolvimento emocional primitivo. In: *Textos selecionados:* da pediatria à psicanálise. Rio de Janeiro: Imago, 2000.

________. (1947) O ódio na contratransferência. *Op. cit.*

________. (1949) Memórias do nascimento, trauma do nascimento e ansiedade. *Op. cit.*

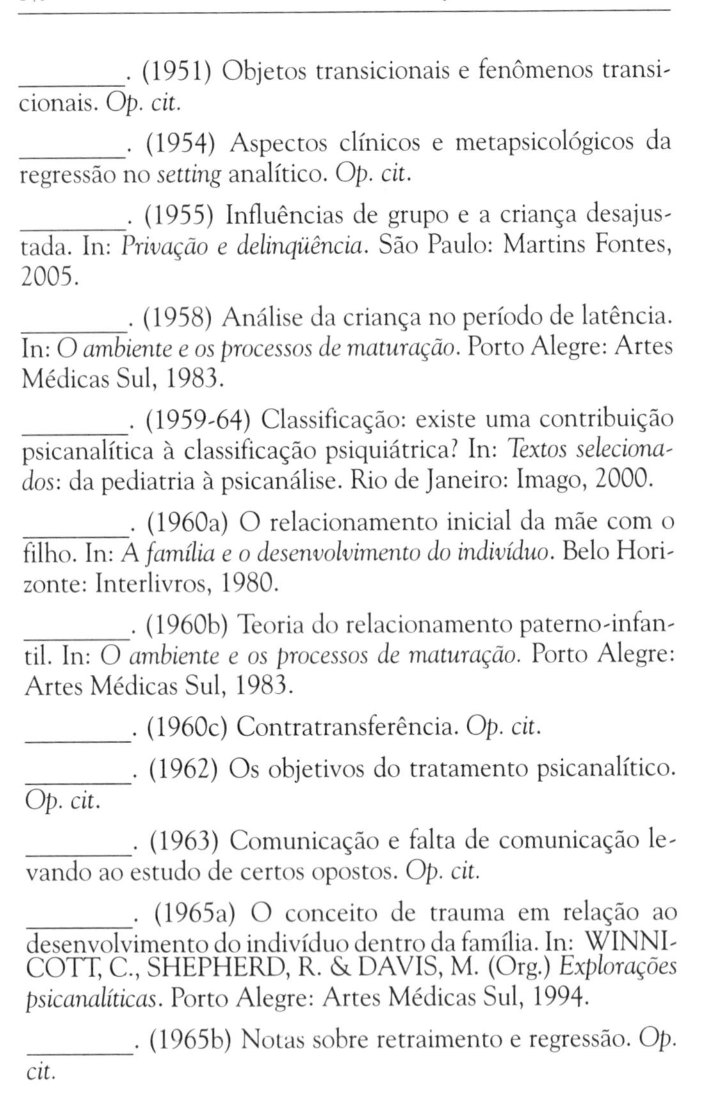

________. (1951) Objetos transicionais e fenômenos transicionais. *Op. cit.*

________. (1954) Aspectos clínicos e metapsicológicos da regressão no *setting* analítico. *Op. cit.*

________. (1955) Influências de grupo e a criança desajustada. In: *Privação e delinqüência*. São Paulo: Martins Fontes, 2005.

________. (1958) Análise da criança no período de latência. In: *O ambiente e os processos de maturação*. Porto Alegre: Artes Médicas Sul, 1983.

________. (1959-64) Classificação: existe uma contribuição psicanalítica à classificação psiquiátrica? In: *Textos selecionados*: da pediatria à psicanálise. Rio de Janeiro: Imago, 2000.

________. (1960a) O relacionamento inicial da mãe com o filho. In: *A família e o desenvolvimento do indivíduo*. Belo Horizonte: Interlivros, 1980.

________. (1960b) Teoria do relacionamento paterno-infantil. In: *O ambiente e os processos de maturação*. Porto Alegre: Artes Médicas Sul, 1983.

________. (1960c) Contratransferência. *Op. cit.*

________. (1962) Os objetivos do tratamento psicanalítico. *Op. cit.*

________. (1963) Comunicação e falta de comunicação levando ao estudo de certos opostos. *Op. cit.*

________. (1965a) O conceito de trauma em relação ao desenvolvimento do indivíduo dentro da família. In: WINNICOTT, C., SHEPHERD, R. & DAVIS, M. (Org.) *Explorações psicanalíticas*. Porto Alegre: Artes Médicas Sul, 1994.

________. (1965b) Notas sobre retraimento e regressão. *Op. cit.*

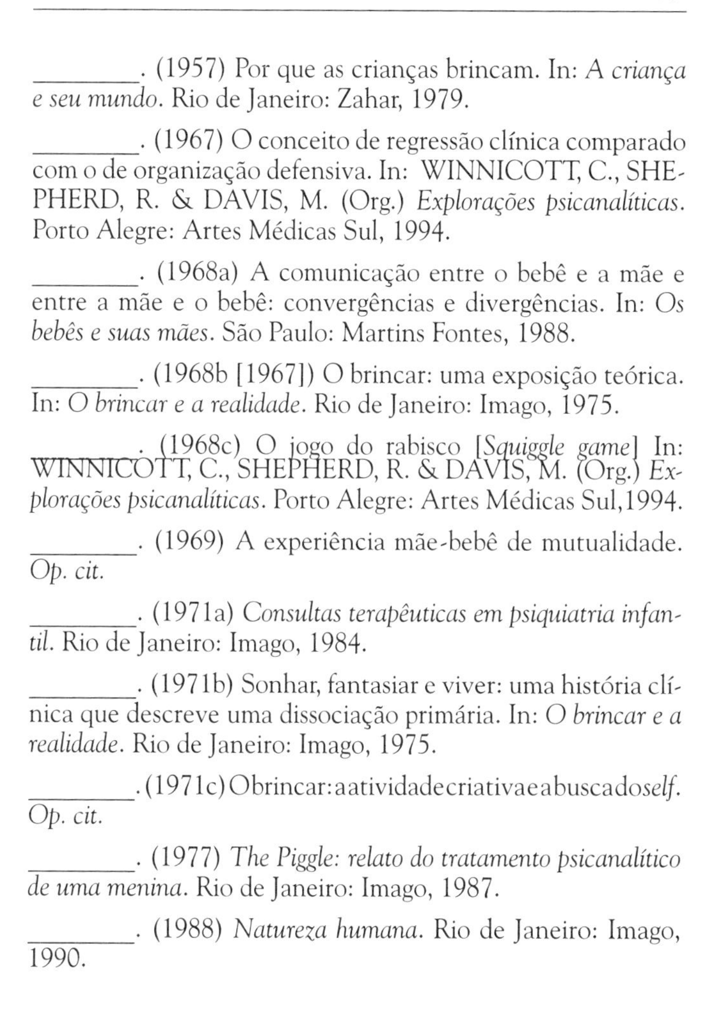

________. (1957) Por que as crianças brincam. In: *A criança e seu mundo*. Rio de Janeiro: Zahar, 1979.

________. (1967) O conceito de regressão clínica comparado com o de organização defensiva. In: WINNICOTT, C., SHEPHERD, R. & DAVIS, M. (Org.) *Explorações psicanalíticas*. Porto Alegre: Artes Médicas Sul, 1994.

________. (1968a) A comunicação entre o bebê e a mãe e entre a mãe e o bebê: convergências e divergências. In: *Os bebês e suas mães*. São Paulo: Martins Fontes, 1988.

________. (1968b [1967]) O brincar: uma exposição teórica. In: *O brincar e a realidade*. Rio de Janeiro: Imago, 1975.

________. (1968c) O jogo do rabisco [*Squiggle game*] In: WINNICOTT, C., SHEPHERD, R. & DAVIS, M. (Org.) *Explorações psicanalíticas*. Porto Alegre: Artes Médicas Sul,1994.

________. (1969) A experiência mãe-bebê de mutualidade. *Op. cit.*

________. (1971a) *Consultas terapêuticas em psiquiatria infantil*. Rio de Janeiro: Imago, 1984.

________. (1971b) Sonhar, fantasiar e viver: uma história clínica que descreve uma dissociação primária. In: *O brincar e a realidade*. Rio de Janeiro: Imago, 1975.

________. (1971c) O brincar: a atividade criativa e a busca do *self*. *Op. cit.*

________. (1977) *The Piggle: relato do tratamento psicanalítico de uma menina*. Rio de Janeiro: Imago, 1987.

________. (1988) *Natureza humana*. Rio de Janeiro: Imago, 1990.

Impresso por :

Graphium
gráfica e editora

Tel.:11 2769-9056